阅读成就梦想……

Read to Achieve

如何在股市中挣到100万

长线投资金龟法

【英】约翰·李（John Lee）◎著 李 淼◎译

HOW TO MAKE A MILLION - SLOWLY
My Guiding Principles from a
Lifetime of Successful Investing

中国人民大学出版社
·北京·

前言

在过去10年里,股市一直处于低潮期。经历过早期互联网泡沫破灭及8年后的金融危机之后,大多数人将股市看作是一个充斥着骗子和游手好闲者的赌场。还有人将其看作是股票分析高手的天堂——毕竟这里充满了无限的机遇。因为房屋买卖可获得高利,这更加击退了人们对股市的热情。

如不考虑股市的跌宕起伏,股票无疑是大家进行长期储蓄的绝佳工具。它们不同于房地产,可以方便快捷地在市场中进行买卖,也不同于所得收益会随着通货膨胀而不断变动的债券。20世纪初以来,股市就一直保持着扣除通胀比率后约5%的年收益率。

小型公司的股票可能表现更佳。尽管它们常被大型投资者所忽略,但依旧保持着迅猛的增长率和高额的溢价收入。无独有偶的是,像英国标准人寿保险公司(Standard life)的哈里·尼姆(Harry Nimmo)、Miton的基尔瓦斯·威廉姆斯(Gervais Williams)和马尔堡公司(Marlborough)的贾尔斯·哈格瑞夫(Giles Hargreave)这样的一些英国最成功的基金经理,他们的主要投资领域是小型资本领域。

这些领域的风险越大，其提供的回报就越高。使利润最大化的关键点之一便是管理这些风险。但是，你也应该知道，像约翰·李爵士这样拥有会计背景且长期担任或接触某些特定公司董事会的专业人士，拥有普通人所无法企及的优势。

不过，他的大多数建议并非来源于内幕消息和技术专长，而是就属于内幕消息。他总是追寻那些财务稳健、负有责任心的经理人正努力提升公司表现的公司，但是只在合适的价格下购买这些公司的股票。然后，他会耐心等待，有时候等待时间会达数年之久。上述方法也是如沃伦·巴菲特和本杰明·格雷厄姆这样伟大的传奇人物所采取的方法。该方法适用于20世纪30年代的美国，也适用于现在的英国。只要拥有信心，掌握了一定的方法和规则，任何人都可以获得成功。

本书用直白的语言讲述了一段个人的故事。约翰·李爵士的浓缩且十分有教育意义的成功经历和错误过往是值得每一个私人投资者都应该去了解的事情。

引言

我的生活中有3个主要的部分：家庭、股市和政治生活。这本书集中关注股市这个50多年来令我迷醉的嗜好。书中的故事从我15岁时的第一次投资开始，直到我被形容为"一位严谨的个人投资者"的这段时间。这个时期也包括我为《金融时报》的"我的投资组合"专栏写稿（超过200篇文章）的十几年时间。

我写这本书的目的是想要与大家分享我在过去50年所遵循的投资准则。正如我书中所写的，我回顾了这50多年里我所做的多达几百次的交易活动：我有时候甚至感觉我曾拥有过每一种上市股票！当然，我曾有过许多错误操作，在此我也会坦诚地和大家一起分享；尽管有时候我会陷入很痛苦的窘境中，但我会从这些错误中学到很多经验教训，因此相比失败我才取得了更多的成功。这本书将带着有兴趣的或者潜在的个人投资者纵览我多年的投资经历，包括我的收益和损失，以及我所经历的一些重要事情和获得的宝贵经验等。这本书也详细描述了我的投资指导准则。

我想要强调的一个关键点是：即使没有大量财富，你也可以进行投资。我最开始时拥有的资本很少——在1957年我在第一只股票上仅花费了45英镑①。那次投资经历可称得上是一场彻底的灾难。如今我已经拥有了许多私人投资项目，总价值超过10万英镑。2003年12月时我的个人储蓄账户已经在价值上超过了100万英镑。更值得高兴的是，自此之后我的资产又有了进一步的增长。

这本书总结了我在股市的成功之路，在那个很漫长的时间中度过的一点一滴，以及我一只股票接着一只股票所建立的投资组合。我始终相信在更为广阔的背景下，长期持有英国公司的股份是相当有价值的。很多人将股市看作是一个不停地进行着交易的赌场，那是他们通常都不了解或者关注自己所买的这些股票所属的公司到底是从事什么业务的。祝他们好运吧！那是他们的选择，而不是我的行事方式，我也不相信这样的日间交易方式能让大多数人走上成功之路。我喜欢去了解和研究我所投资的公司，与此同时，我为自己拥有很多好公司的一小部分股份而深感自豪。

我对过去15年来在《金融时报》上发表的一部分文章进行了整理和总结。之所以这样做，是因为它们很好地揭示了我的投资理念。回顾这些文章，尽管其中有一些本可以避免的错误，但我依然感到很高兴，而且有时候对于这些文章互相之间的相关性还会感到惊讶。尽管这些公司可能发生了很大的变化，但书中总结提炼的这些准则对于当今的投资者们来说依然很重要。

但愿我在这本书中，我总结的这些年来我所积累的重要的投资经

---

① 1英镑≈9.512人民币——编者注

验，会对个人投资者们有所帮助。你会学到关于股利收益率、市盈率、损失规避和卖出时机等方面的知识。我将会在此阐释我的方法，并提出某些个人的思考和结论。

我希望大家都能从股票投资中得到和我一样的愉悦感，并且也希望大家可以从我的成功和失败经验中受益。常识以及耐心（这是最重要的）是建立你的个人财富的关键所在。

目录 CONTENTS

前　言 /I
引　言 /III

第1章　年度表现综合报道 /1
第2章　股市捞金100万的12条黄金法则 /9
第3章　我的投资生涯 /13
第4章　估值 /21
第5章　发现投资的机会 /55
第6章　创建投资组合 /79
第7章　我所犯下的投资错误 /89
第8章　我的投资成功之处 /111

第1章
年度表现综合报道

HOW TO MAKE A MILLION - SLOWLY

My Guiding Principles from a Lifetime of Successful Investing

资本绩效

	我的资本绩效 (%)	富时100指数 (%)	富时小盘股指数 (%)
2001	+5	-16.15	-18.98
2002	+5	-24.48	-29.41
2003	+44	+13.62	+35.95
2004	+30	+7.54	+11.43
2005	+20	+16.71	+19.85
2006	+18	+10.71	+18.15
2007	-14	+3.8	-12.43
2008	-42	-31.33	-45.79
2009	+28	+22.07	+49.76
2010	+29	+9	+16.27
2011	-2	-5.55	-14.86
2012	+24	+5.84	+24.39

2001年，+5%

2001是最为艰难的一年，但在惨淡和昏暗中依然存在着许多机会。

这一年，手足口病肆虐，美国遭遇了恐怖袭击，经济恶化带来了利润预警。最值得关注的莫过于家用电器公司 Pifco 的主要控股收购活动，随之而来的则是一份美好的圣诞礼物，那就是电子公司 TGI 被一家丹麦的私人公司所收购。除此之外，没什么值得注意的了，这是得失平衡的一年。

2002 年，+5%

考虑到 2002 年惨淡的市场状况以及匮乏的公司活动，我对于 5% 的资本增长率已经相当满意了。

这一年的"明星"无疑是航运服务领域的詹姆斯·费希尔公司（James Fisher）、汽车经销商 Lookers 以及动物饲料和燃料分销领域的 NWF，它们都取得了盈利增长以及评级上调的业绩。从消极的一面来看，我唯一的失手就在于投资珠宝制造分销商 Abbeycrest 公司，其管理层于一系列的问题中苦苦挣扎。

2003 年，+44%

将近 50% 的总投资回报——更精确地来说，是 44% 的资本增长率加上 4.5% 的股利收益率，并且突破了 100 万英镑的个人股票计划 / 个人储蓄账户（PEP/ISA）大关，使得 2003 年对于我和我的投资理念来讲，是卓有成效的一年。

尽管我在出版公司 Bilston & Battersea、软件专业公司贾斯明（Jasmin）以及空气过滤装置公司 Mcleod Russel 这 3 只股票上有少量的损失，但在佳士得、克拉克森（Clarkson）、自助度假公园运营商 Parkdean Holidays 和保险经纪公司 Windsor 这几家公司上的投资却取得了一系列的巨大成功。贾维斯酒店（Jarvis）和床具制造商 Silentnight 公司有效的管理层融资收购（MBO）所带来的收益都远远高于个人股票计划的预期收益。

2004 年，+30%

从很多方面来看，对于我这样的 DVD（防御价值加上股利）投资者而言，2004 年是非常有成效的一年，股市几乎没有什么下跌趋势，取而代之的是盈利性的公司举措、许多业绩增长的利好消息以及相当不错的、源源不断的股利。

作为利基经纪人和财产投资专家的 Wintrust 被投资管理集团 Singer & Friedlander 收购；一块工业用地的所有权被杰克·帕奇利（Jack Petchey）购得；房地产公司 Estates & Agency 进行的管理层融资收购。更让人兴奋的是，房地产之星 Town Centre 在 6 年内市值增长了 5 倍！

2005 年，+20%

这一年有 4 个收购活动——连锁百货公司詹姆斯·比蒂（James Beattie）借贷公司 Broadcastle、乡村地产公司 Countryside Properties 和 RAC。对于房地产开发商波钦而言，这一年是非常好的一年，其市值增长了 50%，与此同时，出版商 Quarto 第一次被纳入我的投资组合中，我放弃了化妆品生产商任华露飞，继一场"圣诞悲剧"后，这家公司又面临了另一次盈利预警和公司中期股利取消的公告。任华露飞已经引发了业界连续不断的失望情绪，我自己也蒙受了让人心痛的损失。现在我决定要对我的手下败将采取更强硬的方法。毕竟在有足够多的优质股票可以投资的情况下，我的投资组合决不是救世军的合伙人。

2006 年，+18%

这是我和合伙人戈登·布朗（Gordon Brown）合作的最后一年，他已经实现了18%的资本增长率，这个月底他也将会因此收到一张相当可观的资本收益税收支票。

这一年对收购活动来讲，又是一个好年份：在这一年年初，我发现威尔士的微生物公司Biotrace的股票以87~97.5便士的价格被连续收购了13次，并最后以130便士的现金收购价归入3M公司囊中。另外，园艺中心集团Wyevale被苏格兰企业汤姆·亨特（Tom Hunter）收购。这两起都是个人股票计划/个人储蓄账户项目。然而，另类投资市场（AIM）的招投标——上市公司电子产品公司GET和自助度假运营商Parkdean Aolidays将会带来日后的资本收益税（CGT）账单。谢天谢地，2006年只有环境服务企业Fountains的情况较差，我对其管理层丧失了信心，所以选择退出。

2007年，-14%

如果仅仅称2007年是一个令人关注的投资年度，那就太过于轻描淡写了……这场更为冷峻的次贷之风已经开始吹向大西洋彼岸了。

尽管棕榈油公司MP Evans、洗涤用品公司卡森氏（PZ Cussons）以及药品公司（United Drug）触及新高，而且住宅建筑商本·比利（Ben Bailey）被收购，但这些亮点和波钦、佳士得、软件供应商达尔康（Delcam）以及美国品牌布朗（Titon）股票的暴跌相比，简直是微不足道。

2008年，-42%

毫无疑问，这是我最失败的一年！"当你告诉英国人，他们被毁了时，他们会感到前所未有的愉悦！"18世纪的演员和剧作家阿瑟·谋飞（Arthur Murphy）曾这样讽刺道。但是，我认为这正是当今私人投资者们的状态，他们用一个已经残破不堪的投资组合来迎接2009年。我们都处于一个未知的领域。没有人知道衰退是否会最终发展为萧条；我的直觉是我们将会成功应付并且避免像"世界末日"一样的情形……大部分"适当的"企业都被这些正常的指标所低估。股利收益和现金存款的最小回报之间的缺口应当被弥补。

我用如下的预测结束了我2008年的总结文章："历史经验表明，2009年代表着一个极好的买入时机。"

2009年，+28%

这一年见证了我从强劲市场复苏中受益的情形，几乎我的所有股票都上涨了。事实上，我觉得有些股票过度反弹，而我正因此而获利。我在2008年12月以66便士买入的建筑产品供应商Marshalls的股票以132便士卖出；与此类似，我2月份以60便士买入的Town Centre Securities的股票，其中3/4以182便士出手——该股票在7个月内惊人地上涨了3倍。另外，我购入的另类投资市场——英国并行技术公司（Concurrent）和Pressure科技公司的股票也表现得相当不错，而且我所持有的伦敦酒吧连锁企业Capital Pub的股票数量在一个极好的价格基础上又翻了一番。

2010年，+29%

又是不错的一年。处于首要地位的莫过于股价上涨3倍的激电公司古奇·修斯古（Gooch & Housego）了，紧随其后的是股价翻了一番的、专业生产传送带的芬纳公司（Fenner）；其他11只股票增值了50%或者更多一些，英国石油公司的股票有一些亏损,波钦进一步减持,HMV 则彻底清仓,这是一次完全没有必要且不幸的投机,我显然是错误的!这一年只有一起收购事件,即从事产权转让的 Sovereign Reversions 公司被规模更大的房产集团格兰杰(Grainger)所收购。

2011 年,−2%

这是令人失望且艰难的一年。尽管我把大约 3.5% 的股利都算进去,我去年的整体收益并不亏损,但那也只是对我付出的所有努力的一点安慰罢了。从积极的一面来看,有三起收购活动——史密斯新闻收购了道森控股公司(Dawson Holdings)的剩余部分,英国最大酒吧集团 Grenne King 对 Capital Pub 进行了使后者受益匪浅的收购活动,以及美国的保险经纪商 AmWINS 对 THB 的收购。MS International 也取得了较好的利润表现,我在两年以前以 115 便士的价格买入它的股票,今年以不到 3 英镑的价格卖出。消极的方面是,我的"好伙伴"英国通讯企业大东环球(Cable & Wireless Worldwide)的股价下跌了 75%。而我新买入的股票包括新闻/期刊经销商史密斯新闻的股票,获得将近 10% 的收益率,并且它的市盈率(PER)是 5!这已经被证实了是一个很棒的购买活动。

2012 年,+24%

我的股票投资在经历了失败的 2011 年之后,重回正轨,迎来了稳健收益的一年。在和他们的首席执行官进行了首次会谈后,我的投资组合中又增加了 3 只股票——主要的包机经纪公司航空伙伴(Air Partner)、动物自然喂养添加剂公司按安彭利集团(Anpario)以及保险服务商查尔斯·泰勒

（Charles Taylor）。最终正如我在大东环球被 Vodafone 收购之后所做的一样，我对专卖通风窗的布朗失去了耐心并承受某些损失。然而，这两次变现使得我拥有了进行上述购买的资本。软件供应商达尔康现在也正式开始运营，预计 2012 年的增长将会高于市场预期。这是我有着"长引线"的许多股票中的一个经典例子，我买的时候就是打算长期持有，耐心等待利润增长，期望着一次上行的价值重估，然后见证并享受这些公司股票价格的"爆发"过程。

第2章

股市捞金100万的12条黄金法则

HOW TO
MAKE A MILLION
- SLOWLY

My Guiding Principles from a Lifetime of Successful Investing

以下这些是我在过去 50 年股票投资中所遵循的法则。在本书中，我将会更为详尽地描述它们，但整体而言，这些法则为投资者们提供了一些值得重点学习的指导。

1. 尽量去买那些估值适中的股票——希望它们能同时具有诱人的收益率和个位数的市盈率以及/或者低于净资产价值/真实价值。

2. 忽视股市的整体水平。不要对宏观形势进行判断——这些交给评论家和经济学家吧，关注你自己的选择。

3. 做好在最低值持有 5 年的准备。

4. 对于这些公司的主要商业活动有一个全面的了解，这对你非常有意义。

5. 忽视细微的股票价格变动。回首过往，你将会明白这是对是错；不论你最初付出了多少钱，比如说是 55 便士获 50 便士，都是完全无关痛痒的。

6. 寻找那些有盈利记录和股利分配的知名公司，避开那些初创公司和生物技术或者勘探公司的股票。

7. 寻找董事会主席/首席执行官最近的适度乐观或者更好的评论。

8. 关注那些倾向于保守的、现金流充裕的公司或者那些债务较少的公司。

9. 确保董事们在公司持有重要股份并有着"干净"的声誉。
10. 寻找一个稳定的董事会——很少进行董事会的变更。这一点和专业顾问的建议相同。
11. 勇敢面对不良决策。采用 20% 的止损点——触及这个点就卖出并且转向其他投资。然而，如果存在着重大的整体市场下滑，那么忽略这个止损点。
12. 持有盈利较好的股票。不要企图去做过分聪明的事，比如，卖出后期待市场下跌，然后再在一个更低的价位买回。

第 3 章

我的投资生涯

HOW TO MAKE A MILLION - SLOWLY

My Guiding Principles from a Lifetime of Successful Investing

我出生于1942年，父亲是一位全科执业医师，母亲是一位儿童心理学家，我在曼彻斯特（Manchester）的特拉福德（Davyhulme）郊区长大。那时，我们住在我父亲的诊所旁边。我还记得我步行穿过马路到当地的邮局，用我的零用钱去买国民储蓄邮票，那些钱是我在课余时间通过送奶服务一分一分地积攒下来的，那正是我资本旅程的开端。12岁的时候，我们搬到了一所更大的房子里，从那时开始，我第一次了解到所谓的"股市"。

我父亲将楼下一个较大的房间用来当他的藏书室和办公室，我仍然记得他相当不舒服地坐在地板上，嘴里叼着烟斗，费力地阅读大堆成卷的现已不复存在的《证券交易所公报》(*Stock Exchange Gazette*)和仍在出版的《投资者年鉴》(*Investors Chronicle*)。

一开始我常常拿他的投资活动开玩笑，这也是我当时的一大嗜好。像很多的全科医生一样，我认为他也潜意识里认为，如果他可以进入商业或者金融业，他将会获得很大的成功，而股市则能给他带来一个积累资本的机会。

在我长大一些后，我自己也开始钻研这些神秘的刊物。父亲也订阅了《投资者年鉴》的"时事通讯"和一份由叫贝弗里奇（Beveridge）的人所撰写的《内情报告》印刷物，他曾经推荐过 BET、土地证券集团（Land Securities）、大波特兰房地产公司（Great Portland Estates）等的股票。

我的第一笔投资

20 世纪 50 年代有很多的船运上市公司，而天知道为什么，在 15 岁的时候我挑选了一家名为 Aviation & Shipping 的公司作为我的首次投资试航，共花费了 45 英镑。我记得当时我骄傲地紧紧抓住我的第一份买卖合同，它出自我父亲的经纪人——一家名为 Stothard Brockband 的位于曼彻斯特的合伙公司。可以说这次的买入是一次彻底的失败——Aviation & Shipping 的一条船沉了，并附带着我的股票一起被淹没！这完全背离了"新手好运"这一说法，但幸好我坚持下来了。

不幸的是，我的第一本投资分类账目在几年前丢失了，所以我对于接下来的购买没有任何印象了。尽管如此，我至今仍然保留着一本 Stothard Brockband 在 1960 年向客户出具的棕色手册，里面包含了所有公开股的数据——读起来非常有意思。不少于 43 家的啤酒厂和酿酒厂，包括联合酿酒集团（Distillers）这样的行业巨头，有资本在 3 亿英镑左右的库伯工业（Ind Coope）、Watneys 和韦博得集团（Whitbread），也有 Bents、Friary Meux、Newcastle、Threlfall's 和 Yates Castle 这样的小公司。随着时间的推移，这个行业见证了连续不断的并购活动，如今却只有少数几家上市啤酒公司可以投资。事实上，这是从手册上得到的主要信息：那时的上市公司只有极少数作为独立实体存活到了今天——

Imperial、Tobacco、劳斯莱斯 Rolls-Royce、联合利华和一两家其他公司。伯明翰小型军火公司（Birminghan Small Arms）、Blackpool Tower、Metal Box、Park Cake Bakeries、Shiloh Spinners、史密斯薯条公司（Smiths Potato Crisps）、威尔士钢铁公司（Steel Company of Wales）、威格士（Vickers）以及其他许多公司在这些年都纷纷被收购了，而还有许多公司则破产了。

在全球化和规模经济的趋势中，很多公司被收购了。马尼可有限公司（Marconi）的彻底崩溃至今仍是许多读者难以忘却的伤疤，这家伟大的公司在一场灾难性的美国公司收购活动中彻底垮台。然而，在1960年，又有36家茶、咖啡和橡胶公司可以进行投资，这是一件多么美妙的事情啊！Singlo Tea 公司的股票收益高达24%，New Crocodile River Rubber 的收益稍微逊色，达到了13%。不幸的是，如今它们都早已不复存在。

1959年，我对总部设在伦敦的工业心理学会进行了一次两天的访问，在那里他们建议我从事会计师职业，在那之后，我离开了威廉休姆文理学校，加入了曼彻斯特特许经营的中型会计师事务所 Royce Peeling Green。作为一名17岁的实习生，我每周收入6英镑——这是我在商业阶梯上迈出的第一步。

> 对你所有的交易进行记录是至关重要的。

我开始记录我的第一本黑色投资分类账。在里面，我记录了从1963年以来的所有交易活动。出于很多显而易见的原因，同时也是为了计算资本利得的纳税申报，下指令让经纪人卖出比你实际所有更多的股票份额可能会成为一个令人尴尬的错误，而且可能会付出昂贵代价才能弥补。

1963 年 12 月 4 日，我以 2 先令 2 便士的价格买了 500 股 Sungei Bahru Rubber Estates（这可能是贝弗里奇的推荐），价格总计是 55 英镑 3 先令 10 便士（约合现行货币 975 英镑），随后在 1964 年花费了 55 英镑 19 先令 6 便士又买入了 500 股。我是在 1966 年 1 月以 83 英镑 18 先令 1 便士的价格将这 1 000 股卖出的——这次证券出售损失了 27 英镑 5 先令 3 便士，多可悲的记录啊！情况正在好转，但仅仅是一部分，不是全部，剩余还是亏损的！

然而，1964 年我似乎开始盈利了，我所持有的蒂普顿有限责任公司（Tipton）的股票盈利了 1 英镑 5 先令 2 便士。1965 年，则在波芙特（Beaufort）救生筏制造商费兰肯斯坦集团（Frankenstein Group）和住宅建筑公司 Howarth of Burnley 的股票上遭受了损失，之后便迎来了一系列不错的收益：塑料制品公司 Sharna Ware 盈利 22 英镑 17 先令 1 便士；挡泥板制造商 Robert R. Stockfis 盈利 10 英镑 2 先令 1 便士；纺织品国内股市 Sir T. 和 A. Wardle 盈利 1 英镑 3 先令 11 便士；以及枕头\羽绒被公司 E. Fogarty 盈利 9 英镑 15 先令。幸好我的眼光开始变得准确了，我也越来越专注于城市专栏和年度报告。

这些天公司的年度报告简直是巨大的文档，充满了详细的信息，其中有很多对于一般投资者而言，都令人毫无兴趣。然而，一定要关注董事们的持股情况——与去年相比的任何一个变化，借贷的水平，特别是董事长和首席执行官对于未来前景的言论。比如像"我们现在已经能够从世界经济的任何一点改善中受益"这样的一条言论通常意味着短期内不要期待有太多的改善。然而，像"目前的订单额和盈利能力比去年要好很多"这样的言论则更令人鼓舞。

我的职业

1964年开始，我获得了特许会计师的资格认证，并且跳槽到曼彻斯特一家股票经纪公司亨利·库克·拉姆斯登（Henry Cooke Lumsden，HCL），很快我就成为高级合伙人大卫·亨特（David Hunter）的助理。他是一位伟大的大使、领导者以及绝对正直的委托人。很多年之后，受他的家人所托，我在他葬礼上发言，这对我而言无疑是一种极大的荣幸。我记得他被称作是西北地区的"杰出人物"之一，他确实当之无愧。后来被布朗·施普莱Brown Shipley所收购的HCL公司，至今依然是我主要的经纪人，他们为我提供了极好的个人服务。我十分珍惜跟他们在一起的时间，学到了很多，但两年之后，我萌生了努力去创造属于我自己的一些东西的冲动。

我离开HCL公司后创建了第二城市（Second City）证券公司，这是一家专门从事合并和并购的代理公司，后来发展成为一家小型的投资银行集团。我们和同事一起收购了一家名为Kniton的上市信托公司的控股股权，将第二城市纳入其中，然后回到股市中，成功地进行了两次上市公司的收购——曼彻斯特干船坞公司（Dry Docks Company）和机械服务公司诶利斯（Ellis位于肯辛顿）。这些都属于"资产"情况，为我们在19世纪70年代初期创立自己的银行Chancery Trust提供了资本。

> 两年之后我有了努力去创造属于我自己的一些东西的冲动。

1972年在一场大手术之后，我应政界的要求卖掉了我的股份。这为我提供了一笔不太多的资本以及让我在股市一展身手的资源。我被选为曼彻斯特莫斯塞德的保守党候选人，并确信自己能在1974年的工党议席之争上"稳操胜券"，没想到我却在十月份的选举中失败了。无论如何，我很享受这一经历，并于1975年在兰开夏郡接着参加选举，并以尼尔森和科恩候选人的身份获胜。与此同时，我受邀加入 Paterson Zochonis 公共有限公司，在那里我成为"海外交易员"，帮助他们通过收购曼彻斯特的卡森氏公司，以扩大他们在肥皂/洗漱用品/化妆品方面的收益。可以说，我们在一场短暂的收购战争中获胜后，创造了卡森氏公司，今天已为人们所熟知，可以说它已经成为自第二次世界大战以来英国西北区最伟大的商业成功案例之一。1976年，我第一次投资卡森氏，目前它已经是我所持有的最大的股权之一，而且稍后我将在这本书中多次提及。

在1979年的大选中，也就是撒切尔夫人首次获选的那个晚上，我当选为国会议员。1983年，撒切尔夫人依然得到了兰开夏郡彭德尔庞大选民的支持，并且在1987年再次获胜，在1992年不出所料地被打败之前，她一直连任，而她的落选主要是因为人头税的祸患。1981年，我成为我的好朋友肯尼斯·贝克勋爵（Kenneth Baker）的议会私人秘书，接下来当任英国信息技术部部长。从1983年到1986年，我被任命为国防部的政务次官，在迈克尔·赫塞尔廷勋爵（Michael Heseltine）手下任职，然后又在乔治·雅戈尔（George Younger）子爵的手下任职。从1987年到1989年，我依次在就业部大卫·杨勋爵（David Young）和诺曼·福勒勋爵（Norman Fowler）手下当任相同的职务。同时我也是旅游部部长。在选举失败后，我远离政坛，最终于1997年退出保守党，因为在我看来，它反欧盟的声势已经越来越浩大而且越来越朝着右翼极端主义发展。

离开政坛以后，我在曼彻斯特科学与工业博物馆任了3届馆长，在西北地区最大的癌症治疗中心——英国国家医疗总局克里斯蒂医院担任了2届主席。此外，我还在卡森氏当了10年的非执行董事，在 Refuge Assurance 养老基金担任了许多年的托管人，而且在1998年，我还当了一年的大曼彻斯特的名誉部长。1990年，我被任命为旅游景点协会会长，这家机构下属的那些国家景点每年至少要接收100万名游客——不列颠博物馆、黑池欢乐海滩、泰特美术馆、维多利亚与亚伯特工艺博物馆以及威斯敏斯特大教堂等。2013年，我们已经有了50个成员。

此外，我当任其他非执行董事职务的上市公司包括侯思德集团（James Halstead）、詹姆斯·诺尔斯公司（James R. Knowles）和 M. S. International，而现在我在成功的私有公司艾默生发展控股有限责任公司和英国毅联汇业证券与衍生品交易所（ICAP Securities & Derivatives Exchanges，ISDX）挂牌上市的 Wellington Market 集团的董事会任职。

> 在这些年中，投资股市活动一直是我最大的爱好。

加入自由民主党后，我被当时的该党领导人查尔斯·肯尼迪（Charles Kennedy）任命为"议政男爵"，并于2006年将我"引荐"到上议会。

在这些年中，投资股市一直是我最大的爱好。

第 4 章
估值

HOW TO
MAKE A MILLION
- SLOWLY

My Guiding Principles from a Lifetime of Successful Investing

我的目标是什么

我一向认为大多数投资者和分析师将问题过度复杂化。当投资一家像卡森氏这样的公司时,我尝试着只关注两项衡量标准:股利收益率和市盈率。而投资于一家像 Daejan 这样的投资公司或者产权公司时,则关注以下两个指标:资产净值和财务杠杆,也就是相对于资产而言,公司的借贷水平。财务杠杆因素也同样适用交易公司。

股利收益率

> A 公司有 1 000 英镑的股本,每股 1 英镑。
>
> 每一股公司支付 10 便士的股利。
>
> 如此一来,如果投资者以每股 1 英镑的价格买入了价值 100 英镑的股票份额,他们将会得到的股利为 100×10 便士 =10 英镑。
>
> 因此,他们 100 英镑的投资将会得到 10 英镑的回报,也就是说他们的购买获得了 10% 的收益率。
>
> 然而,如果每股价格上升到 2 英镑,那投资者的 100 英镑则只能买 50 股。

> 因此，他们的股利仅仅为 10 便士 ×50=5 英镑。
> 所以，他们的购买获得了 5% 的收益率（100 英镑投资得到 10 英镑回报）。

市盈率

市盈率可以用同样的准则来使用。

> B 公司的税前利润为 1000 英镑，应交 20% 的企业所得税 200 英镑，因此，它的税后利润是 800 英镑。
>
> 如果这家公司的股本（指投资者投入的全部资金/认购的投资，可以在交易中加以应用）是，比如说 8 000 英镑划分为 8 000 股，每股 1 英镑，并且市价也是 1 英镑，那么市盈率是总市值，也就是说 8 000 英镑（8 000×1 英镑）除以上述税后利润 800 英镑：
>
> 因此，它的市盈率是：8 000 英镑÷800 英镑=10。
>
> 然而，如果股票价格从 1 英镑上涨到 2 英镑，那么 B 公司的总市值则为 16 000 英镑（8 000×2 英镑）。
>
> 它的税后利润仍为 800 英镑。
>
> 因此，它的市盈率是：16 000 英镑÷800 英镑=20

一个个位数的市盈率意味着不论正确与否，一家公司市值都是被低估了，即对它未来的利润增长预期不高或者不太确定。首先，投资一个相当低市盈率的股票正是我努力在做的事，这比买入一个比如说市盈率为 20 以上的股票要安全很多。在后一种情况下，高市盈率意味着对于利润增长的预期已经包括在股价中了。好吧，如果确实如此，但利润的增长却并没有实现，那么它的估值将会下降。如此一来，如果某个特定的公司市盈率从 20 降到了 10，股价将会减少一半——这是多么坏的消息啊！

在 C 公司的案例中，我们把股利收益率和市盈率结合起来，则会出现相反的情况。

个人而言，我喜欢购买估值较低的股票——理想情况来说，股利收益率 5%~6%，并且市盈率是个位数的。除了股利收益这一显而易见的吸引力之外，股利的分派对于一家公共有限公司的董事会来说是一个有力的约束，因为公司每年都需要足够的现金来支付这些股利。

> C 公司总股本为 10 000 英镑，划分为 10 000 股，每股 1 英镑。
>
> 它的税前利润是 1 000 英镑，缴纳 20% 的税款 200 英镑，因此税后利润为 800 英镑，支付的股利 200 英镑，留存利润为 600 英镑。
>
> 此时，我们可以说可用利润是股利的 4 倍（800 英镑÷200 英镑）。C 公司资本规模是 10 000 英镑。因此，它的市盈率是：10 000 英镑÷800 英镑=12.5。
>
> 然而，如果股价达到 2 英镑，那么其总股本将为 20 000 英镑，则其市盈率为：20 000 英镑÷800 英镑=25（相当昂贵）。
>
> 现在来考虑股价为 1 英镑时的股利收益：
>
> 假设投资者持有 C 公司所有的股份，他们 10 000 英镑的投资将会得到 200 英镑的股利收入。
>
> 他们的收益率将为：200/10 000 = 2%（相当低）。

那么，在这种理想的股票投资中你应该寻求些什么呢？我们想要的是这样一家公司，它的利润（最好股利也是）逐年递增并且股市/投资者对公司股价的估值（市盈率）显著增长。这是任何一个投资者都应该追求的"双赢"。

> D 公司实现了 100 000 英镑的利润。其总股本为 800 000 英镑，每股 1 英镑。股票市价为每股 1 英镑。他的税前利润为 100 000 英镑，减去 20% 企业所得税 20 000 英镑，其税后利润为 80 000 英镑。

> 股票市值为：
>
> 800 000×1 英镑 = 800 000 英镑。也就是说，它的市盈率为 10：800 000 英镑 ÷80 000 英镑 =10。
>
> 现在假设利润翻倍至：200 000 英镑，减去 20% 企业所得税 40 000 英镑，其税后利润为 160 000 英镑。
>
> 由于 D 公司业绩很好并且预期下一年利润还会继续增长，因此，股市对其的估值建立在市盈率为 20 而不是 10 的基础上，从而它的市值为：20×160 000 英镑 =320 万英镑。
>
> 因此，每股面值 1 英镑的股票现在以 4 英镑（3 200 000 英镑 ÷800 000）的价格进行交易。

所以，虽然利润仅仅增加了一倍，股价却翻了 4 倍，这是一个双赢的典型例子。

作为一个投资者，这就是你应该追求的东西：增长的利润加上向上的重新估值。

进行记录

2000 年 4 月，我写了一篇关于 Vimto 的文章，这是一家软饮料制造商（详细情况看下面的文章），这完美地证明了这个观点。

Vimto 之王的新活力

约翰·李发现目前这家公司所提供的远远不只这些

对于大部分投资者而言，Vimto 是英格兰北部一家相当顽强的公司，它不断挑战着百事和可口可乐的权威。

它给我留下了很多的回忆，不仅仅是因为我在学生时代就常喝 Vimto，它更是我已故母亲的早期投资组合中的一只股票。而且，在我的投资分类账记录中，我从 1991 年买入到 1995 年卖出该股的整个过程中，该只股票的价格出现接近 3 倍的价差。

Vimto 公司的全新总部位于曼彻斯特和利物浦之间，对其总部的参观给我提供了不一样的视角。公司执行主席约翰·尼克尔斯（John Nichols）和首位非家族成员的常务董事加里·昂斯沃思（Gary Unsworth）指出，Vimto 仅仅只占其公司营业额的 25%。事实上，现在这个集团是一家多元化经营的饮料公司，因此，它被提议改名为尼克尔斯公共有限公司。

这家全新的尼克尔斯公司为小厨师（Little Chef）、汉堡王（Burger King）和英国石油公司等企业提供热饮系统。通过其子公司卡巴纳（Cabana），为酒吧和俱乐部供应散装软饮料，位居英国市场第三。它还获得了第一份英国国家卫生服务体系（NHS）订单——为米德尔赛克斯医院提供 20 辆热饮车。

而上面所述的这三家饮料生产单位已经合并为一家新的工厂，生产 Vimto、Sunkist 橙汁和 Indigo。

其快速增长的食品/配料生意为自动售货机提供自有品牌的商品，并且为旅馆和餐饮行业提供食品袋。

公司计划在 5 年内使其食品销售增长 1 倍。所有这些重组和改变必然会使其利润攀上新的高峰，这一切都是为了创造一个不同凡响的未来。

尼克尔斯集团通常实行渐进的派息政策。大约是 100 便士，股票的收益率约为 9%，而市盈率触底仅仅为 6.5，收入覆盖股利 2 倍。在我看来，对于个人股票计划或者个人储蓄账户而言，这是一只理想的股票。近期，我一直在买入该股票。

我希望更多的投资者能认识到尼克尔斯的转变。12 月，这个集团回购了将近 5% 的股权。要不是因为业绩公布期间 60 天的封闭期禁止回购，它很可能，几乎是一定还会回购更多。

这让我想到了一个很有意思的问题：谁会从封闭期对于公司购买自己股权的限制中受益呢？

公司被市场所禁时，其股价一定会下降，这意味着卖方只能得到一个不太有吸引力的价格。反之，对于准备仔细研究封闭日期的精明的潜在买家而言，这是一扇机会之窗。

我完全认同限制董事股权交易的逻辑，但是为什么是公司呢？尼克尔斯显然对其较低的股价不满，我感觉到约翰·尼克尔斯和加里·昂斯沃思的真实期望是提升公司形象和创造股东价值。新的股票激励计划毫无疑问将会以关键领导层的想法为主。

投资提示：

尼克尔斯是我近年来最成功的投资之一。该公司做出了生产外包的决策，使得管理层专注于市场营销和分销渠道。而且，资金不再被生产过程所占用。利润增长和价值重估实现了我们所追求的"双赢"，而且在我写这篇文章的时候其股价已经增长了10倍。

我以每股100便士的价格投资于收益率为9%、市盈率为6.5且被严重低估的股票。几年前尼克尔斯做了一个至关重要的决策，那就是将Vimto的生产外包出去，并且同时关注于其在英国和海外的市场，特别是海湾各州的竞争力。自那之后，该公司的利润和股利开始飞速增长，同时股价也大幅提高。现在每股大约12英镑，股利收益率为1.5%，而市盈率为28。这是一个业绩很好的投资，目前已经成为我所持有的最大股份的股票之一。

在文章《用股利来下赌注》中，我记录了开始有能力持有在机械五金领域最为成功的工程公司之一的芬纳股票的过程。2008年金融危机之后，我以65便士和70便士的价格获得了9%的收益率。利润增长和价值重估使得股价在降到4英镑之前上涨到近5英镑。不幸的是，我以1英镑85便士的价格过早地卖出了一半的股份，即便如此，那也是我首次股票交易中卖出价格达到买入价格3倍的案例。

在文章《百货商店的无限潜力》中，我记录了自己入股百货商店零售商詹姆斯·比蒂的情况，以"双八"买入——股利收益率为8%且市盈率为8。它的股价股价被低估了，尤其是因为它没有财务杠杆（负债）。然而，回顾我的投资经历，詹姆斯·比蒂并不算是特别成功的。1998年年初，我仅仅花了180便士买入该股，不久后我便以140便士卖出，随后1999年年初以170.5便士卖出——最初的损失。虽然如此，我在2003年~2004年又再次买入，价位在113~131便士，并且最终于2005年9月赶在一场以168便士成为最终成交价的现金收购之前，获得了微薄的利润。因此，并不是很大的成功——总体而言只是保本而已。但是，就像我的个人储蓄账户中大多数交易一样，至少我得到了一些免税的增值红利。

图4—1记录了尼克尔斯公司从2003年到2013年十年间的股票走势。

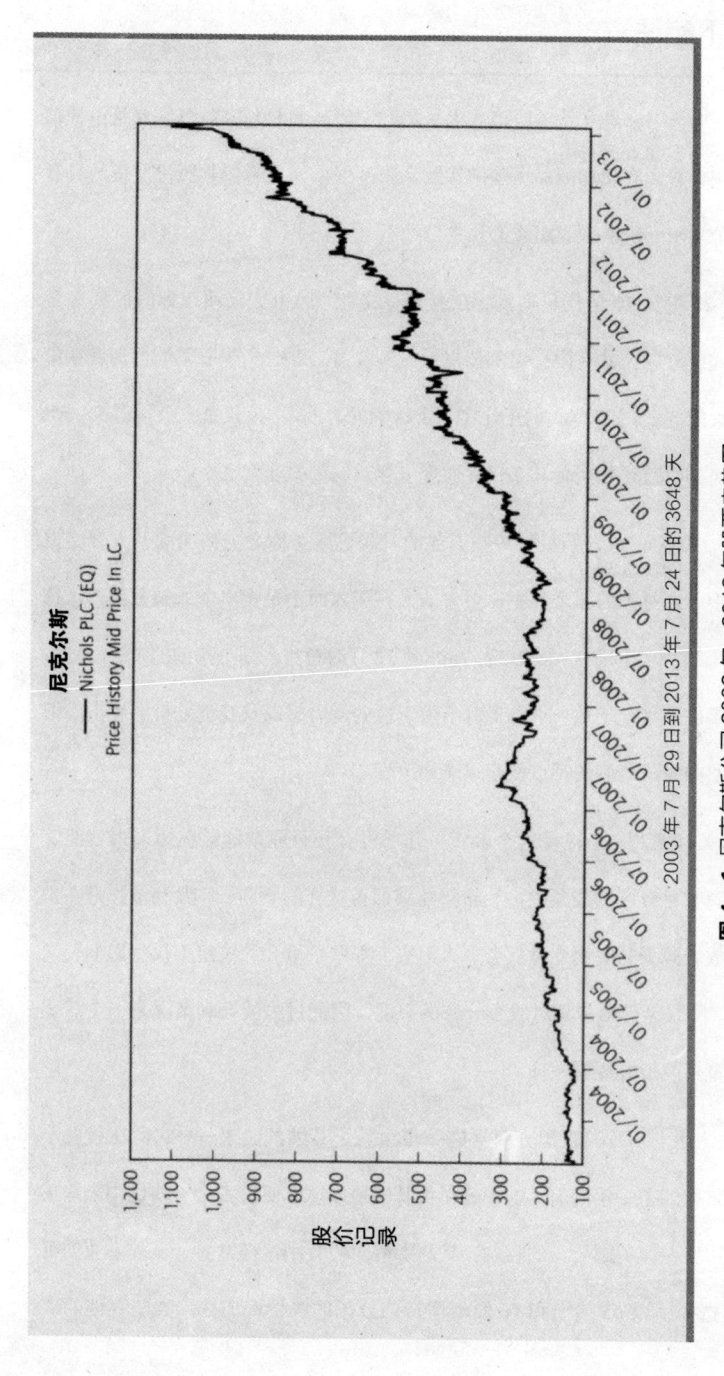

图 4—1 尼克尔斯公司 2003 年~2013 年股票走势图

注：耐心在股票交易中的重要性：尽管在早些年股价较为平稳，但 2009 年在尼克尔斯真正开始发力后股价就一路攀升。

用股利来下赌注

约翰·李

大约50年前，当我第一次开始对股市产生兴趣时，较高的股利收益率主要是由种植公司提供的——那些有着国有化和商品风险的橡胶和茶叶股票，或者偶尔股价坚挺的具有相当投机性的船运公司——这个行业实质上几乎已经不再存在了。

此外，我记得20世纪70年代早期的第二次金融危机/股市大崩溃，那时股票完全无人问津，许多正式成立的公共有限公司都能提供巨额收益。那时买进股票的投资者在市场复兴时获得了极大的成功。如今，我们正处在一个特别的时期，不仅仅是大公司有5%~6%的收益率，较小公司的收益率甚至是其2倍，而现金存款的回报非常之小。

毫不奇怪的是，我们正在开始见证一些勇敢的（我更愿意称之为精明的）人开始退回到个人储蓄账户中。在过去的2个月中，更多的人在买入而不是卖出个人储蓄账户，这是自2008年4月以来第一次出现这样的状况。2008年12月的净流入是一年前的3倍。当然，大部分投资者仍然紧握着现金不放——出于对不确定性的无力感以及经济危机的冲击。但是，当复苏和乐观回归时，他们的观点将会迅速地改变。

最近，我非常关注股利——接受这个事实，几乎没有几只股票能够在短期内就能够获得资本增值。在我收益较高的股票中，我希望能够保持这样的股利——股利增长是一份意外的收获；错过或者减少的股利支付只会令人沮丧。那些董事会的决定不仅会影响公司的盈利/负债水平，同时也会影响其对股东分红的态度，因此过去的股利情况是一个重要的考虑因素，正如董事的持股规模一样。

2009年2月份，我以9%的收益分两次进一步买入了芬纳的股票——它们在我的个人储蓄账户中免税。大约在一年以前，这家公司将其股票以223便士卖给一些机构来筹集资金，主要是为了用于一家美国公司的收购。我与那些对像芬纳这样世界一流的企业的可笑评论背道而驰，选择了以65便士和70便士增持该公司的股份。那么，哪些其他的资产——当然不是住房或商业地产，将会下降到如此的百分比呢？

在11月份的年度报告中，这家公司的财务总监说："并非为了抵御当前金融市场的瓦解，我们集团已经能够筹集资金并且支持运营，我们也拥有连续的中长期债务资金、现金流以及必要的短期设施。"董事长总结道，"尽管存在着不可避免的挑战，我们相信我们已经做好跑赢大盘的准备。从更长远的角度来看,我们的业务依然保持着极高的驱动力。"这样的言论当然不太可能预示股利的削减。

最近，其他的稳定股利来自BBA Aviation（期末股利）和Town Centre，其股价都获得了适度的增长，正如鲍迪克（Bodycote）和Vitec's的小幅股利增加一样，他们都有着鼓舞人心的销售表。这四家公司的现行收益率都仍然保持在7%~13%。

我不由自主地以60便士的价格买入了更多的Town Centre股票，1999年我第一次买入时，其股价为64便士。在2002年，我以138便士的价格卖出了一部分，2006年以595便士的价格卖出了更多的股份。地产股并非时下的宠儿，但其股利率和270便士的资产净值十分诱人。

——摘自2009年3月7日《金融时报》

投资提示：

在这里，我将读者的注意力吸引到股市的运行方式上，两种运行方式通常都会被放大——时而过于看涨，时而过于看跌。我曾坚信次贷金融危机所导致的很多高收益股票下降到荒谬的低水平。例如，我很高兴以9%的收益率买入传送带制造商芬纳的股票。随后，它的股价上涨到将近5英镑，此后，由于世界性的采矿业变得不再活跃而回落了一些。

百货公司的无限潜力

尽管詹姆斯·比蒂百货公司处在一个不受投资者垂青的行业，但约翰·李还是投入了大量的时间研究它。

零售商已经不被投资者们看好。因此，也许可以理解我们这些在英国中部地区的人们将詹姆斯·比蒂百货公司评为"双八"——8%的股利收益率且市盈率为8。

但是，那些每周都在詹姆斯·比蒂购物的消费者就一定能够意识到它的股票更有价值吗？最近我去拜访了Solihull商店的总经理克里斯·琼斯（Chiris Jones），他已经在这个集团工作了35年，还拜访了财务经理比尔·凯利（Bill Kelly），他们给我留下了深刻的印象。

我被詹姆斯·比蒂的收益率和资产负债表上的现金储备所吸引，在1998年买入其股票。随着价格的偏离，我开始觉得无趣并且亏损卖出。最近拜访他们之后，我又重新买入（几乎是以我卖出的价格），但这次我对它的了解更深了。

詹姆斯·比蒂公司成立于1987年，有9个分店，市场调查公司将它描述为"一家强大的、利润丰厚且经久不衰的公司"。它向中产阶级消费者出售品牌商品，重点销售女式服装、时尚首饰、香水以及家具和休闲用品。

这家集团为股东创造了价值，尽管还没有体现在股价上。1996年以来，随着营业利润率从5.7%上升到8.8%，每股的收益几乎翻倍。股利增加了70%。比蒂通常保持着较高的股利支付率和1.5倍的股利保障倍数。

然而，尽管下月初应宣告的一月份利润预计将会达到高峰，这个集团的规模扩张仍然没有反映在其股票估值上。这个集团已经开始扩充其销售空间，会增加50%之多。这预计将会花费2 800

公司股价（单位：便士）

资料来源：汤姆森金融公司数据库（Thomson Financial Datastream）

万英镑（是其目前市值的一半），并且几乎完全是通过内部资源提供所需资金的。新的商店将会于 2000 年在伯明翰的新商店将于 2000 年开张，会在哈德斯菲尔德的将于 2002 年开张，并且期望 2003 年在格洛斯特（Gloucester）也开一家新店。

其位 5 层楼高的伯明翰商店被视为一个商业妙招，应该会在一年内盈利。

从很多方面来说，比蒂都可称得上是一个商业典型案例：稳定且雄心勃勃的管理层；对员工培训的注意；较低的员工流失率；残酷的淘汰政策以及"顾客永远是对的"的信念。

作为一项投资，该提供了收益、零负债、全部的资产支持以及在接下来的 2~3 年里随着利润增加的每一次价值重估的机会。

对于追求收入的人来说，这里有 8% 的收益率以及稳定的资本增值，并且若股价不迅速上升，公司有着很大的潜力足以应对。

我也非常喜欢董事会通过市场购买建立董事股权的想法，尽管还有股票期权可供选择，但我们无需仅仅依赖于此。

如果说我对其有什么不满，那就是比蒂似乎很少在股东关系方面作出努力。年度会议的出席人数很少，而且没有任何的股东折扣或者福利。

——摘自 2000 年 3 月 24 日《金融时报》

投资提示：

我对于百货商店詹姆斯·比蒂的投资并非特别成功，总体而言只是不赚不赔罢了。它的伯明翰新店（曾经是 C&A）也并非赢家，它受了到各种交通问题的困扰。然而，这里的基本点是我在一个较低水平买入——股利率和市盈率都是 8，几乎不存在下跌风险。建立一个升值的投资组合的关键在于避免亏损，不要承担不必要的风险或者在膨胀水平买入。

家族企业

接下来这篇文章《家族企业的价值折让》以家族控股的地产集团 Daejan 为中心。很多年前,当我开始投资它时,有着许多住宅地产公司可供选择,但现在它们大部分都已经被收购了。Daejan 代表着现今伦敦住宅地产可供投资的极少数机会之一,尽管其同样拥有大规模的商业地产以及在美国的商业和住宅地产。Daejan 的总资产负债率小于 20%,是低风险地产投资的优秀典例。近年来,它的 NAV(资产减去负债)大于每股 50 英镑。我的购买通常会有一个不错的折扣:在 2007 年的 41.5 和 2011 年的 27.1 英镑之间。其现价为 40 英镑。

家族企业的价值折让

私有公司——那些由一个家庭控制或者支配的公司通常让我十分着迷。我会持有其股份。我喜欢这些私有公司的董事会和股东权益的一致性,对于保守性增长的关注以及代代相传的经营管理,其有相当低的借款水平,通常采用渐进的派息政策。

每一家公司都有自己的特点和文化,从一个更为广阔的社会学角度吸引着我。地产公司 Daejan 是一个经典案例,正如我在 2011 年 9 月参加其年度股东会议时所观察到的一样。

我已经在我的个人储蓄账户中持有 Daejan 的股份有一段时间了——我在 2007 年以 29 英镑~49 英镑的价格买入,然后在 2008 年和 2011 年以 27 英镑左右的价格再次买入。总之,我是在 Daejan 净资产价值折让的价格下买入的。现在,其股价为 24 英镑,公司总资本为 3.9 亿英镑,其股利率为 3%。

Daejan 公司实际上是由弗雷什沃特（Freshwater）家族持有其 80% 的股份，他们在 1959 年将其财产利益注入了一个现金空壳公司中。这些年以来，股东回报一直十分骄人：自 1981 年开始，其股价已经上涨 1 350%，其股利率上涨 1 950%，过去的 30 年每年都在增加。零售价格指数上涨 315%。

大约有 50 个股东和顾问参加了该公司的年度股东会议，大部分都是上了年纪的人，对于他们而言，这个会议显然是一种年度惯例。这些与会者面对着一个 5 个人组成的董事会——4 个是弗雷什沃特家的，是从 1971 年开始任职的非执行董事，他并非被视为独立董事。Daejan 的创始人 Osias——现任主席的父亲，在 1939 年由于乘坐最后一班船离开了波兰的格丹斯克（Gdansk）而逃过大屠杀，并且几乎身无分文地抵达了这个国家。这个家族对于正统犹太人作出的承诺依然坚定，而这些年来，犹太教育慈善机构也从这家公司的慷慨中受益颇多。

20 世纪 60 年代，这家集团是英国最大的私人地产业主，这些年来，在英国将公司业务多样化拓展到了商业地产。2011 年 3 月 31 日，这家公司价值 12.5 亿英镑地产的 80% 位于英国，分别为商业和住宅地产。Daejan 很可能是伦敦最大的住宅地产所有者。

该公司总财务杠杆率很低，借款少于 20%。在其资产组合中，霍尔本的非洲之家 4 000 万英镑重建项目——可能会实现每年 700 万的租金收入，具有巨大的潜力。

另一方面，其资产组合包括了租给养老机构运营商（Southern Cross）的 9 家养老院，尽管这仅仅是其总资产的 2.5%。

Daejan 的年度报告揭示其净资产价值为每股 51 英镑 43 便士，从 2010 年的 48 英镑 17 便士上涨至此——然而即使如此，其价值也很可能被低估了。

因此，在目前的股价上，投资者可以用不到 50 便士的价格得到 1 英镑的资产。我已经无法想出类似的例子了。

Daejan 并非在先进的公司治理方面名列前茅。然而其巨大的折价、在伦敦住宅业的

> 参与度以及很有可能上涨的 3% 的股利收益率十分引人注目。我也要推荐其出色的犹太自助餐年会——很多佳肴都让我想起我已故祖母的厨艺!

投资提示:

> 当我写这篇文章的时候,地产公司 Daejan 的股价是 24 英镑,但资产净值超过 50 英镑——因此这是明摆着的事了。考虑到这家公司适度的财务杠杆,其股价必然会回升,除非我们面临着世界末日般的大暴跌。我很高兴地说,在 2013 年中 Daejan 的股价将会上涨到 40 英镑左右。

因此,我们有两种不同类型的"价值"购买——尼克尔斯/芬纳/比蒂诱人的股利收益率和适度的市盈率,以及 Daejan 资产的巨大折让。

股票的价值

同样的,我也必须要提到第三种类型,其实际的商业价值绝对高于股票市值。这里有两个例子,从事商业服务和盘存业务的佳士得,以及从事图书出版的 Quarto 都在我现在的投资组合中。

股价会掩盖真实的价值

> 我的投资方式基于这样一个信条,即价值总是在最后得到体现。然而,我只是用此讽刺在很多公司里,许多股东将会至死还在等待!有时候,好像我是在为我的孙辈们构建投资组合一样。

通常，我的投资判断基于相对的股利收益率、市盈率、市盈增长比率以及市场预期等。但是对于地产公司，具有专业保证的资产净值使得价值评估更为容易，因此，我早期得以用很大的折扣价购买到了 Daejan 和 Town Centre。

然而，股票市值在买家或者竞争者出价之间通常会有明显的差异，从而在收购活动中通常存在着难以想象的高溢价。但我总是认为，比如说，我所持有的最大股份的公司——完全独立的由家族控股的香料制造商忄利（Treatt），其"价值"极大地超出了其市值。

偶然地会出现明显的异常，特别是那些被大多数投资者和分析师所忽视的小公司，我相信佳士得就是其中的典型。

我持有该公司股票长达10年之久，在2002年以30便士第一次购买，随后见证了其达到272便士的峰值，并且其税前利润也达到了两位数。

之后，一家昂贵的软件公司严重地拖了其后腿，幸好现在已经停止了，由于2009年和2010年没有派发股利，导致其近年来的交易条件并不宽松。

然而，佳士得在这些年来稳步发展，并且其业务分为主要的两个部分：专业的商业服务，包括评估、购买、卖出以及为休闲行业、养老行业、零售行业的各种不同的企业融资；还有就是盘存和库存系统及服务。

佳士得的商业服务是由英国的14家办事处，以及13家海外办事处提供的，其中包括2011年在迪拜开业的及最近在都柏林开业的两家办事处。该公司连续两年获得 Estates Gazette 在休闲和酒店类目下的"最活跃英国代理"奖。除了像冯·艾森·酒店（Von Essen Hotels）和 Southern Cross 这样已公开的客户外，它还为银行、保险公司等提供大量的服务工作，但没有进行任何的宣传。其主要的竞争对手现在实际上全都是英国本土以外的公司。

佳士得的盘存业务——在英国排名第一，世界排名第三，设有11个办事处，拥有1000多名员工，其历史可以追溯到1846年。但其新客户包括 Zara、Butlins、特斯科等公司。

集团总收益在 2011 年增加到 5.3 亿英镑，收入均等地分布在这两个部门。由于董事和员工拥有 65% 的股份，经营利润以及近期股东分红的消减，导致其股价回落到 52 便士，使其市值只有区区的 1 300 万英镑。所以，我近期以 49 便士的价格在自己已有的相当多的持股中增持了不少股份。据报告 2012 年有一个好的开端，我希望能有高的经营杠杆来建立盈利底线。

我建议买家们对于佳士得每英镑营业额估值 1 英镑——外加 5 000 万英镑，或者是其目前市场估值的 4 倍。然而，即使是更为保守的估算也会使得其目前的股价成为笑柄。确实，1988 年该集团股价已达到 145 便士，那时它的规模还相当小。

投资提示：

我的核心投资理念是"价值"，也可以说是实际价值，通常在最后得到实现，你一定要有足够的耐心。在这里，我密切关注休闲行业服务商佳士得的股价波动图（见图 4—2），它展示了近些年其股价的狂野波动。我相信任何低于 1 英镑的价格意味着相当便宜；它曾在 1988 年公司规模比现在小很多的时候上浮到 145 便士。

图 4—2 佳士得股价走势

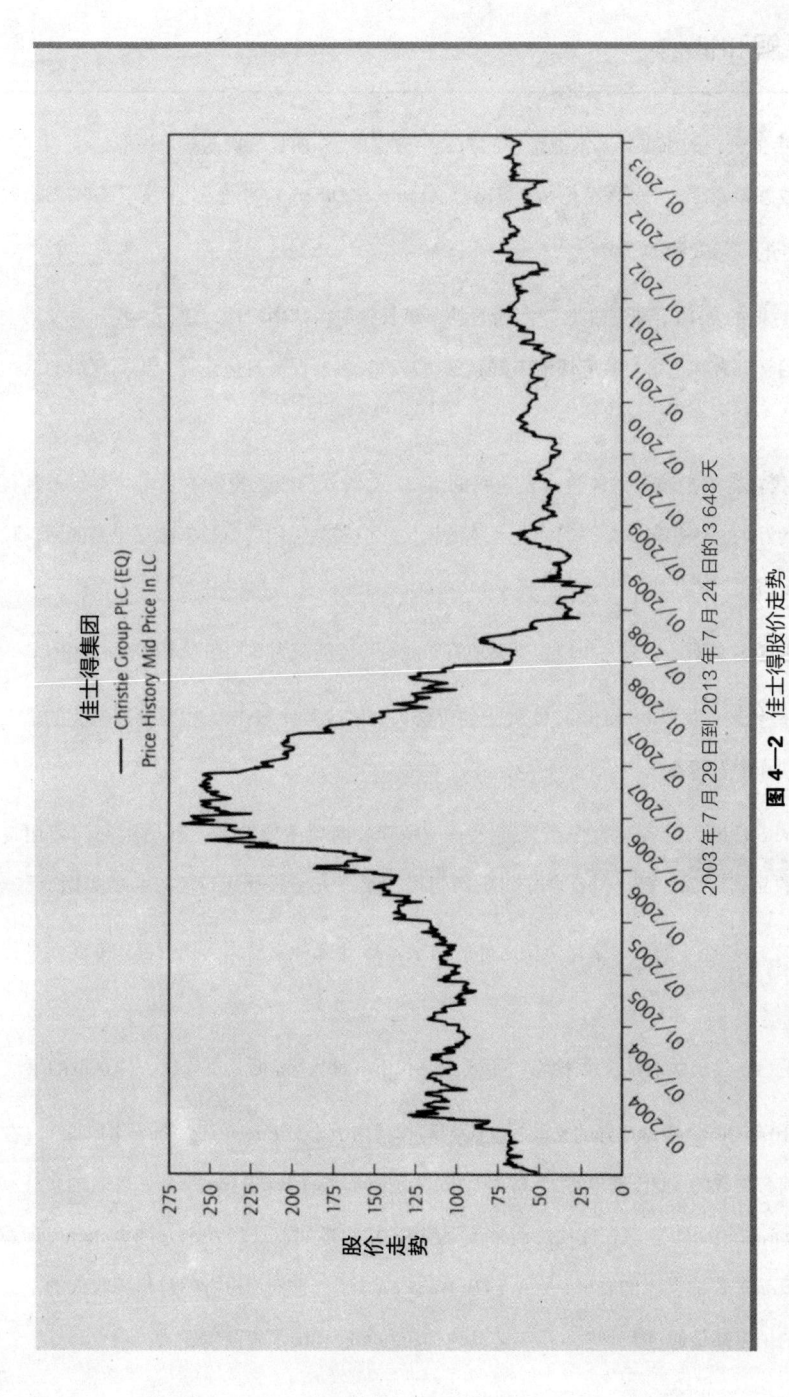

注：其股价曾在 2006 年接近 275 便士，而今却不及当时三分之一。幸好，股价还比较稳定。
资料来源：理柏咨询（Lipper），隶属汤姆森一路透公司

误解和低估

约翰·李

低市值公司的董事长常常抱怨他们的公司被误解了,而且他们的股价被低估了。有时,这种挫败感会蔓延——就像劳伦斯·奥巴赫(Laurence Orbach)的例子,他是国际图书出版商 Quarto 的创始人和推动者。

在近期的 2010 年业绩报告随附所写的董事长致股民信中,他写道:"我知道如果上市公司的管理者和董事自找麻烦地申辩其公司被投资者所误解且应该得到更高评级的话,那将被认为是不合时宜的做法。"

"我冒着承担谴责的风险来表达我的沮丧,Quarto 的股东投资本公司并没有得到我所承诺的好处。这些年来,我们的业务越做越大,但如果我们的市盈率能够更高的话,我们将能走得更远。"

我同意这些观点,并且可以很高兴地宣布我对自己能成为其长期股东而感到荣幸。

这些年来,我以 88 便士~211 便士的价格买入该股共计 20 次,主要是用于我的个人股票计划和个人储蓄账户。

Quarto 是最大的国际合作出版商之一,经营着两项主要业务:其出版部门使用自己集团的品牌出版书籍;以及合作出版部门授权第三方出版社用自己的品牌出版。

总之,它 85% 的收入来自英国之外的国家。35 年来一直沿用其经营模式专注而平稳地发展。

实际上,其出版的是长销书籍:"不要去寻找下一件大事,而是要寻找一件永恒的事。"

2010 年 Quarto 销量最好的 5 本书包括:《写作指南大全》(Complete Guide to Writing)、《在你死之前必须看的 1 001 部电影》(1001 Movies you must see before you die)、《名词修订》(Anatomica Revised)、《在你死之前必须听的 1 001 首歌曲》(1001 Songs you must listen to before you die)、《艺术的故事》(Art: The Whole Story)。它们都没有超过集团收入的 1%,大部分的销售都是通过大型艺术品工艺品连锁店和家居装饰零售商实现的。

它最近的业绩报告展现出了令人鼓舞的利润增长、负债减少和倍受欢迎的 5% 的股利增长——如今的交易被形容为"有趣且激动人心"。

但 Quarto 在其利基商业模式中有巨大的实际价值,而且 3 000 万英镑重印图书为它带来了巨额版税——其出版的图书版权在 35 个国家出售,被翻译成 25 种语言。而其股价为 155 便士,市盈率为 6。毫无疑问,这家 3 100 万资本的公司被低估了——5% 的股利率,而实际应该为该利率的 3.5 倍。

而其他公司由于受到中东局势动荡以及油价不断上涨的影响,市场不可避免地变得不稳定,但幸好我所持股票传出的大部分公告都比较正面。

其中有来自 THB、Town Centre 和韦恩集团(Wynnstay)的股利增长的消息,以及来自 Capital Pubs、大东环球、佳士得、乳制品翠园、古奇公司、MS International、Norcros、Park Group、Primary Health、S+U 和联合药品的鼓舞人心的财务报表和新闻报道,此外,"老伙计"道森控股公司似乎正着手收购谈判。

——摘自 2011 年 3 月 5 日《金融时报》

投资提示:

"误解和低估"是我用来形容书籍出版商 Quarto 的,我相信未来它会遭到这种待遇。其创始人以及之后的首席执行官劳伦斯·奥巴赫在年度报告中表达了他的失意:"我冒着承担谴责的风险来表达我的沮丧,Quarto 的股东投资本公司并没有得到我所承诺的好处。"可悲的是,这份勇敢且诚实的声明并未给 Quarto 的股价带来任何改善,而且 2012 年劳伦斯被股东投票免职了。我们希望新的管理层能吸取劳伦斯失败的教训取得成功。上市公司的生存状况的确很严酷。

很多年以来我都持有这两只股票，坚信其"价值"迟早会被真实地反映出来，要么是向上的重新评级，要么是一场收购。"价值"往往在最后才得以实现，但可悲的是股东有时可能到死也等不到。

凭借 50 年的投资经验，我很清楚自己要找寻有什么样特征的公司进行投资，以及可以放心地长期持有哪种股票。我所要寻找的是小盘的、知名的、盈利的以及保守派息的公司，正现金流或者低负债水平的股票，如果能有一个被大众所认可的品牌或者一个独特的卖点就更好了，如果能在国际范围内交易就更好。富时指数的小盘指数包括那些富时 100 指数 100 和富时 250 指数目录之外的小型公司。这些公司大约占英国市场的 2%。

一般，小盘股不太容易被分析家们所关注，因此给了私人投资者们一个发现它们的机会。对我而言，任何一个小盘股都不会太小——确实如此，在我目前投资组合中大约 25% 是由市值低于 5 000 万英镑的公司或者其他初次买入时低于此价值的公司组成。它们通常是被我称为"家族"或者"私有"的公司，其控制权代代相传并且强调的是"管理职责"——这是我最喜欢的投资词汇之一。我说之所以这么是因为通常家族董事会成员，不仅能够意识到上一代创业人所付出的努力和艰辛，而且还能意识到它们在自己的任职期间以传统的方式增加企业价值的责任。因此，通常理想状况下，他们都会保持有机增长，有时可能会被收购，但不会承担任何额外风险或者把生意赌在一笔投资巨大的生意上。

> 对我而言，任何一个小盘股都不会太小。

此外，那些担任管理层的人员通常是寡妇、未婚的姑妈、兄弟姐妹或其他持有很大股份的亲戚，他们的生活方式完全依赖于从家族控股公司所获得的股利。有这样一种说法："富不过三代"，这特别适用于许多拥有工厂的老家族。但是总体而言，这样的日子已经一去不复返了。但愿现在家族公司的这一代人能够意识到要将控制权传给那些不会给家族带来灾难的成员。

如今，一个成功的家族企业董事会通常是由一位明智的家族成员和非家族人员所组成，他们通常凭借自己的专业能力而被提升或者被引荐，而不是他们所持股份的多少。这些年以来，尽管只是小部分持股，我通过投资这些家族公司得到了相当可观的收益。20世纪70年代，我通过购买3家P字头的公司开始关注这样的公司——Pifco、波钦、卡森氏，它们总部都位于我的家乡。

既不受欢迎，又被低估的公司

尽管如此，约翰·李认为Pifco在电气设备市场将会前途光明。

小型电气设备制造商Pifco一直保持其私营性质。尽管这家公司拥有不菲的业绩记录和宝贵的消费品牌，包括领豪、卡蔓、Tower、山风酒店和Salton，但它还是被投资者忽略了。在某种程度上，我认为根源在于由其董事长兼首席执行官迈克尔·韦伯（Michael Webber）所写的公司简介。他既是一个很孤僻的人，又是一个勤勉的管理者。

尽管Pifco公司有着全面且值得赞誉的公司宗旨阐述，但我依然不能确信其致力于团结股东。其年度股东会议是以非现场的方式举行，而且尽管我从1977年就是它的股东并且一直参与议事，但直到最近我才被允许穿越吊桥进入Pifco的工厂位于曼彻斯特费士沃斯区（Failsworth）的一座巨大的、红砖砌成的、以前是纺织厂的工厂。

Pifco 是那些由一个家族控股或者在类似安排下进行运营的"私营"公司（我自己的术语）之一（鉴于其信用，Pifco 在 1998 年被评为"A"级无表决权股票）。

成功的继承者们往往将自己视为管家。他们不仅仅意识到自己对于员工、顾客和股东的责任，也意识到传承家族荣誉的责任。如果一切顺利的话，他们将会为家族里那些不善于打理生意的成员，也会为那些慈善信托机构和清算机构提供增长的股利收入以及资本价值。

这些公司通常有以下特征：低借款水平，稳定的有机增长，适度的追加收购以及保守的形象。

Pifco 有很多值得推荐之处。它是一家严格管理且现金能力很强的公司，能够连续不断地开发生产新产品。同时，不管是在伍尔弗汉普顿（Wolverhampton）还是东亚，其生产都十分灵活，并且迅速地扭转了领豪的亏损局面，因此获得了令人瞩目的成就。而且，它不失时机地与高新技术产业——照明产品制造商 Hi Tech Industries 进行整合，并且该并购将于近期完成。

它是否能在更大的收购中取得成功，我们尚不能确定。在我看来，Pifco 既无需扩大规模，也不需要被更大的国际集团所收购。众所周知，它已经与肯伍德 Kenwood 合作有一段时间了。

Pifco 刚刚公布的中期业绩展示了其更进一步的发展：税前利润上升 12%，且股利率（在之前的文章我曾经谴责这家公司太过吝啬）提高了 10%，并且股利率提升为之前的 3 倍。分析师预测截至 4 月 30 日，其全年的税前利润将会达到 420 万英镑。股价已经达到 135 便士左右，这意味着基于低税费的市盈率仅仅为 7。

我发现韦伯对他的一位同样持有相当大股份的重要同事詹姆斯·华莱士（James Wallace）都十分热情且诚恳。但是，他们严重地感染了"三U"病毒——没人爱、没人要以及被低估——如今这打击了许多小型公司的董事们。

Pifco 的实际价值显然要超出其 2 400 万英镑的市值。我很有兴趣听听品牌顾问将会如何对其进行估值。而年终时公司也将有大笔的现金资产，可能达到 1 200 万英镑左右。

现在我还剩下两件事：第一，我现在拥有最新款的领豪电热壶（这个将会被记录在股东权益登记册中）；第二，我坚信韦伯和华莱士俩人将会下决心创造股东价值。如果两年内，我所持的 Pifco 的股份没有升值到足够让我重装我的整个厨房的话，我将会感到非常意外和失望。

投资提示：

有这样一种说法，小盘股只有 2 次被准确估值——当首次面世时的初次发行以及最终被收购的时候。这篇文章主要介绍了电气设备制造商 Pifco，它是我个人股票计划中的首只股票。它成为我最喜欢的股票之一——严格的运营，充裕的现金流以及像领豪一样极具价值的品牌。最终，2001 年它被美国的索尔顿收购，对于我而言这颇为有利。

Pifco 是一家小型电气设备制造商——生产吹风机和电热壶，在扩张期间收购了领豪。它的管理十分严格，从一家老旧的工厂开始经营，并且通常保持着充裕的现金流。Pifco 是我个人股票计划中的首只股票。就像卡森氏，后来它有了普通股和"A"级无表决权股票——两家公司都是家族控股，尽

> 在股市投资中一切都是不确定的——证券投资往往都包含着一定程度的风险。

管"A"级股票显然更为便宜，我持有的是有表决权还是无表决权的股票从某种程度上来说只是个理论问题。最终，由于没有家族成员继承，Pifco 公司在 2001 年被 Salton 收购，这也让我实现了可观的收益。

建筑服务和地产开发商 Pochin's 本身就是一个取得巨大成功的事例。我对其作为学校、办公楼、仓库等的"品质"建筑商的声誉及其房地产开发业的日益重要和盈利能力留下了深刻的印象。2007 年价值超过 100 万英镑之前，我对其 1.5 万英镑的投资一直保持着稳定的增长。幸运的是，考虑到接近 4 英镑的股价过于高且不稳，我以 367~399 便士的价格卖掉了部分持股——这个价格已经是我初始投资的 4 倍了。随后，非常不幸的是，它遭受了近乎灾难的打击：由于房地产开发行业合营企业的过度发展，加上大规模的借贷和高昂的保证金，2007 年~2008 年的银行/房地产危机几乎使得这家公司覆灭。幸好它生存下来了，但由于之前的阴影，如今其股价一直在 30 便士左右徘徊不前，这个价格也是其之前最高价的 1/13。

在股市投资，一切都是不确定的——证券投资往往都包含着一定程度的风险。

关于股利的争执

亲爱的波钦（Pochin）先生：

本次给您写信主要基于两个原因：一是祝贺您和董事会第一次取得如此优秀的业绩；二是由于股利并未得到大幅的上涨，我感到有些失望和生气。毕竟在过去这些年中，公司的增长率不断提高，积累了许多特别稳固的资产，流动性和股利保障倍数都呈现出非常好的局面，鉴于此情况，我认为股利上涨的要求并不是太过分。下一年盈利下降后，按逻辑，股利肯定不会上涨。因此，从我的角度来看，股利已经由于各种原因而在数年中未曾变化过了，这显然对某些股东来说是不公平且不能令人满意的。

我站在那些拥有波钦公司大约4%股份的股东家庭和相关人士的立场上向您询问股利上涨问题，毕竟股利收入对一些小型持股人的家庭来讲是十分重要的。毫无疑问，在现行股利政策下，本公司股票的评级较低，而此时那些小型股东若卖出手中的股票，将可能出现资本和财务上的损失。当然，我也了解公司为了积累资本必须量力而出，从更长远的角度出发，但即便如此，股东也应该在这一过程中获得相应利润。

当然，对于那些主要持股人和信托机构来说，这些红利显得微不足道。但是也会出现某个特定股东考虑放弃他的股利权利（逐渐减少手中持有的股票）以确保公司流动性的情况。

我坚信公司并不会因为相应的名誉及立场而允许董事会为了信任的相关人士的利益而置少数控股人的利益于不顾，若这样做是极其危险的。介于议会的权利，我有可能去参加年会并表达相关的意见。与此同时，对于您的回复，我表示由衷的感谢！

　　此致

敬礼！

约翰·李

亲爱的约翰·李先生：

　　我已经收到了您有关波钦公司 1981 年 5 月 31 日发布的、年度报告及业绩的祝贺信，也了解了您对董事会分红计划的不满意。

　　正如您对于公司这五年或者更长时间的观察一样，我们公司站在稳固和坚定的立场，一直采取较为谨慎的政策，而这些成果也极好地反映在我们今年的财务标准和股票价值中。

　　但是包括您在内的每个人都应该清楚我们所处的行业现在正面临着许多的困难，比如工资上涨、通货膨胀、工资税提高，以及强制征税利率上涨（在无任何公民投票的前提下）、工业法庭审判支出、保险税以及其他在合理价格下获取合约的所有困难。基于以上原因，董事会决定这次暂不提高公司股利，以确保公司能够顺利渡过难关。董事会成员正在做出极大的努力来确保公司的正常运营，减少浪费，增强纪律性并将非生产人员的人数减至最少,来避免人员自然流动所造成的浪费和提前退休的支出。所有的管理人员和高级员工都为了公司的共同利益,在正常工作之余还投入到大量的事件与工作中。

至于您指出的股东逐渐减少手中持有的股份问题,这里我可以向您提供某些信息,即近年来不少高级董事会成员都在逐渐减少手中持股,并于1971年~1979年期间降到5.8万英镑。但不管怎样,这些股东在股利未曾上涨之前,每年宣布发放股利时都有权获得他们应得的股利。

你一定知道在建筑和建造行业,经济衰退对该行业的影响可达18个月,企业需要如此长甚至两年的时间才能够重新恢复到之前的业绩。因此,即使是政府也很难保证自己早期给出的预测是正确的,鉴于危机的影响要远长于之前的预测,公司也很难预测未来。这也是我们采取保守方法的原因之一。

至于公司股价是高是低,只取决于人们是买还是卖出公司股票的意愿,只要我们公司现在的表现较好,那么对我们而言现今首要应考虑的还是保持该良好的状态。然而对于现今公司的股价状况,我只能说对于那些长期投资者而言,他们在数年前购买本公司股票是极好的投资决策。

至于您有机会出席会议一事,我们感到十分荣幸,并且会尽可能地提供一切机会,以便您同董事会成员进一步讨论股利问题。

祝好!

你忠实的 A.C. 波钦

图 4—3 卡森氏股价走势

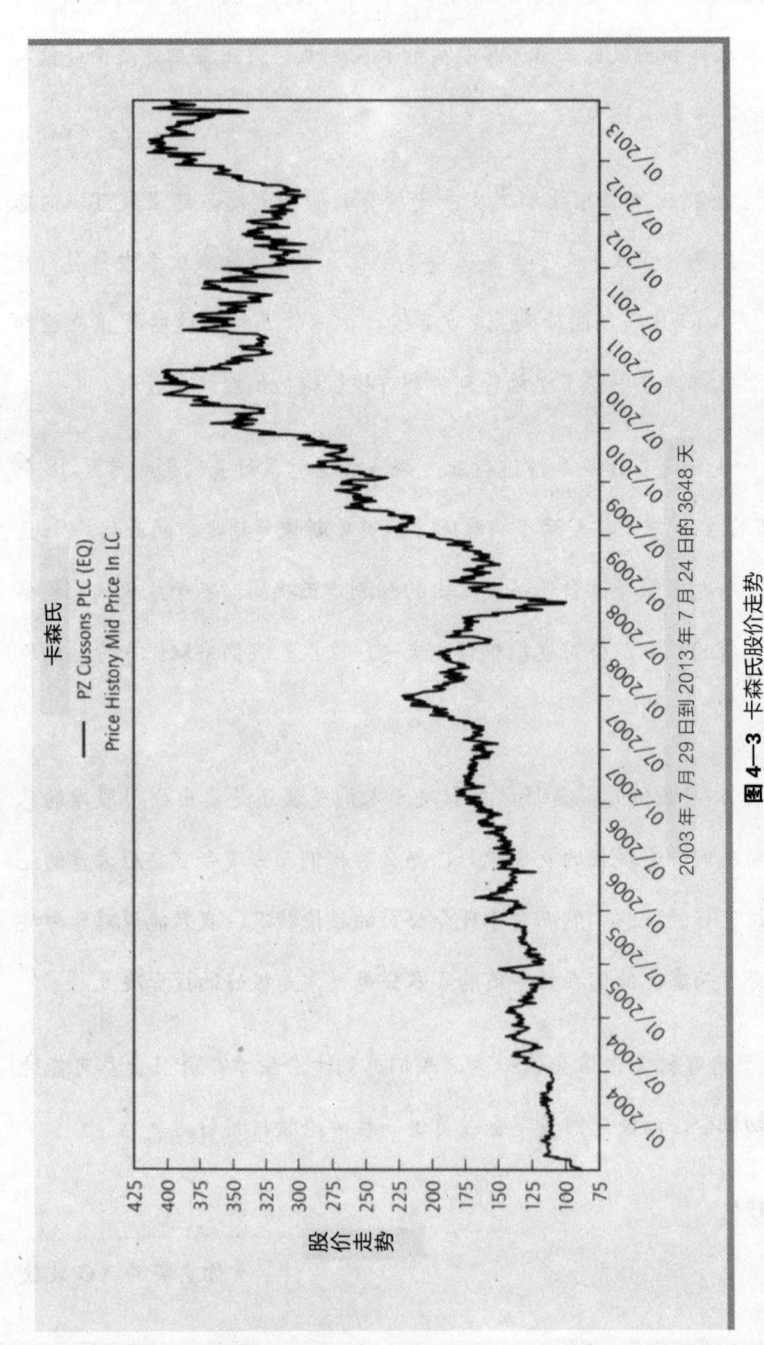

注：这仅仅是一个伟大的成功故事而已，但在 2009 年到 2011 年期间股市重新呈现上升趋势之前，保持足够的耐心是非常重要的。

资料来源：理柏咨询，隶属汤姆森—路透公司

卡森氏是由苏格兰人帕特森和希腊人 Zochonis 在 19 世纪最先成立的，当时的主营业务是从英国向尼日利亚出口纺织品和基本生活用品。现在公司由 Zochonis 家族控股，卡森氏已经成为世界级的香皂、清洁剂和化妆品等产品的生产商，拥有大量的运营业务，特别是在印度尼西亚、尼日利亚和英国（我有必要说明一下，我曾是这家公司的一名员工以及非执行董事）。20 世纪 50 年代，当卡森氏上市的时候，它市值仅仅为 100 多万；现在其市值高达 17 亿英镑，并且无需股东再次注入任何资金，这揭示了其惊人的持续增长。我很高兴持有该股达 36 年——现在它是我持有的最大股票之一，每年大约能得到初始投资 38% 的股利回报。这正是长期投资的意义所在。

股东们对于长期斗争的耐力

在一个存在着大量短期不确定性因素的时代里，也许很适合去回忆严肃的长期股权投资是什么，以及如果能作出正确的选择并且长期持有你将能得到的丰厚回报。在 1953 年，非洲西部的批发商卡森氏公司以 120 万英镑的股票市值上市。《标准晚报》（*Evening Standard*）这样描述其每年 1 000 万英镑的营业额："它从当地人手中收购棕榈油、可可豆和花生，作为交换，它卖给他们从梳子到摩托车在内的一切东西。"这或许不是当今招股书在政治措词上的正确用语。

在接下来的半个世纪，经过了很多个经济周期以及尼日利亚的内战，这家公司已经成长为一家国际性的制造商，其品牌产品在欧洲、亚洲和非洲的香皂、厕所用品、化妆品及清洁剂行业占据主要优势——尼日利亚一直是相当重要的市场。众所周知，现在的卡森氏公司的营业额达到了6亿英镑，拥有1万名员工，最近的中期业绩预示着其年度税前利润可能达到7.5亿英镑。

股东们的常规年度股利增长十分丰厚，并且从没有过任何的财务问题。现在集团的市值为8亿英镑，尽管最近的峰值有所滑落。因此，任何一个在1953年适度投资的人现在都变得相当富裕。不幸的是，我那时候才11岁，尚未开始我的投资生涯。

我在1976年第一次投资于卡森氏，现在它是我所持有的最大的股份之一。这家家族控股的公司创造了曼彻斯特最伟大的商业成功故事之一，而这座城市和整个西北区都从这个家族的慈善活动中受益良多，公司11.5%的股权在慈善信托基金中，能够产生巨额的股利收入。通过这个市值5 000万英镑的曼彻斯特和伦敦投资信托基金可间接投资于卡森氏公司，它拥有近500万股，大约等于这个信托基金当前价值的17%。这个信托基金是由以前的曼彻斯特股票经纪人布莱恩·谢帕德（Brian Sheppard）成功创立的，它提供了英国最具价值却最不为人知的股东福利之一。它拥有两家温布尔登公司债券，每年都能获得温布尔登两周赛中心场和一号场的23套门票的特权。必须是拥有至少2 500股的股东才有的资格（目前价值大约达到9 000镑）。在11月的年度会议中得到了一个加权的结果，谢帕德家族和公司官员们被排除在外。

为了保持一个良好的秩序，我必须记录我曾是卡森氏和曼彻斯特和伦敦投资信托基金的非执行董事，但这两家公司的可观成就却与我无关。

在小盘股的公司价值进行选择不太容易，但我上个月最终选定了专营淋浴和瓷砖的公司Norcros作为我近期的买入对象。1999年它最开始是一家私营公司，然后在2007年以78便士的价格回归证券市场，并且达到86便士的高峰。从那时开始一直呈下降趋势，截至最近其公布利润比预期稍低时，其股价已经减少了20%。我跟随其重要董事买入，以42便士买入，下一年预期收益将达到两位数。以Triton为Norcro子品牌Trifon国内淋浴产品部分自身就能达到整个集团当前 6 000 万的市值，在国内和南非都能获得巨额收益。

最后，作为当前股价和真实价值之间的差距，只需看建筑商 Gibbs and Dandy。我在 2008 年 1 月中旬以 275 便士的价格买入。在该公司被收购之后其股价已经达到了 390 便士。我期待着其价格超过 4 英镑，价值往往在最后才能实现。

——摘自 2008 年 3 月 1 日《金融时报》

投资提示：

这是 2008 年一篇关于卡森氏的文章，它可以说是西北区伟大的成功商业例子之一，也是我的主要持股的公司之一。多年来，它经常被误解并且被广大投资者所忽视。然而近些年，它实现了利润增长和大幅提高重估价值的双赢局面。2013 年其市值（股价 × 流通中的股票数量）超过 2008 年市值的 2 倍。

大曼彻斯特也同样可以为另外两个金牌故事所自豪：国际地板制造商 James Halstead 拥有杰出的同比增长的利润和股利增长（我的两个女儿都是其股东），而另一个则是上文提及的软饮料制造商尼克尔斯。

1991 年，我首次投资于尼克尔斯，但是直到 2000 年才开始建立起合算的持有份额。对于 Halstead、尼克尔斯和卡森氏，我们可以看到的不仅是真实的利润增长，还可以看到意义非凡的"价值重估"——转向更高的市盈率，从而如我之前所说的实现了"双赢"，对于投资者而言十分有益。

对我而言，其他成功的"幸福家庭"包括设在伦敦的电气配件制造商（插头、插座、灯具等）GET，它被法国公司施耐德所收购；还有 3 个目前持有的股票：由库姆斯（Coombs）家族控股的伯明翰短期贷款公司 S&U 的短期股份；由索普（Thorpe）家族控股的雷迪奇工业照明厂商索普以及由齐夫（Ziff）家族控股的利兹地产投资公司 Town Centre Securities。当然，有些家族公司并没那么成功，但是总体而言，我对此类公司的投资是有利可图的。

> 有些评论员认为家族成员控制了大部分董事的股份，从而否定家族控股。我不这么认为。

有些评论员认为家族成员控制了大部分的股份，从而不赞同家族控股。我不这么认为。我希望那些运营公司的人拥有很多的股份——越多越好，那样我就才能确信我们的利益真的是一致的。

第 5 章

发现投资的机会

HOW TO MAKE A MILLION - SLOWLY

My Guiding Principles from a Lifetime of Successful Investing

怎么开始你的投资

一个有抱负的投资者会从哪里开始呢？这不是一个简单的问题，但我想你们应该是从阅读日报或者周报的金融版块开始的吧，同时也会在书店翻阅或者网上浏览相关投资或者与股市有的书籍。然后，选择一两本吸引你的书开始阅读。

> 在我看来，要想成为一个成功的投资者需要时间和全身心的投入。

在我看来，要想成为一个成功的投资者需要时间和全身心的投入，如果你觉得股市令你感到愉快并且十分有趣，那你只需要开始做出所需的努力。简单地说，要么你会爱上投资——由于它的魔力和神秘，要么不爱。你很快就会知道这到底是什么。如果你不爱，这也没什么好羞愧的，忘了它就好。把你用来投资的钱用到别的地方，选择一家共同基金或是单位信托，或是在双方同意的基础上由股票经纪人或银行帮你打理你的投资组合。

投资信息

假如你喜欢投资文章和投资消息,那么则需要更严谨的研究了。现如今网络提供了上市公司的大量相关信息——所有的公司都有一个网址。就个人而言,我仍然有些传统,喜欢印刷的文字。我经常阅读《投资者纪事》(*Investors Chronicle*)周刊的"财经专栏",这个习惯已经保持很多年了,我觉得它是评论和观点的无价资源,特别是那些我关注的小型上市公司,它们总是不被投资分析师和评论家们所关注,从而给了私人投资者们发掘这些被遗忘的"小金块"的机会。这些年以来,我很幸运地在很多场合都遵循此法。我也订阅了季刊《公司参考》(*Company REFS*)(www.companyrefs.co)。在这些期刊上,每家上市公司都有单独的一页介绍信息,包括主要市场和另类投资市场,显示了很多信息,例如,公司董事、

> **我持有的股份中大约有一半是另类投资市场股票。**

主要股东、历史利润和股利,以及经纪人对于未来收益的估计,这一点主要是对于大公司而言的。看一下图5—1中是卡森氏的例子吧。

另类投资市场仅次于主板市场的证券交易市场。在一家公司获准上市之前,另类投资市场的上市标准比主板市场低,且费用也更低。通常,在另类投资市场上市的公司都是新成立的,相对而言更具投机性,但也有在另类投资市场上市的公司是创立已久且运营保守的老公司。我持有的股份中大约有一半是另类投资市场股票。在某些情况下,比如佳士得和尼克尔斯,它们从主板市场转向另类投资市场,以利用另类投资市场股票非常具有吸引力的现行税收减免政策,例如,成立达2年以上,还能享有遗产税豁免权。而另

类投资市场现在可以纳入个人储蓄账户中了，这是我强烈呼吁已久的。

季刊《公司参考》也有一个名为"股东交易"的独立部分是我密切关注的。对我而言，我所投资的公司的董事们自己拥有大份额股份是至关重要的。有时我会感到恐惧——特别是对于大盘股，那些重要的董事会成员获得巨额薪水，而对其只向他们所管理的公司却投资如此之少。当然，他们有时会有期权激励（详见图5—1），但那对我而言并不太好——我希望看到真正的金钱投入，这能体现他们对于公司的信任和承诺。关于这点可以看下面的文章《从股东的行为选择你的方向》。

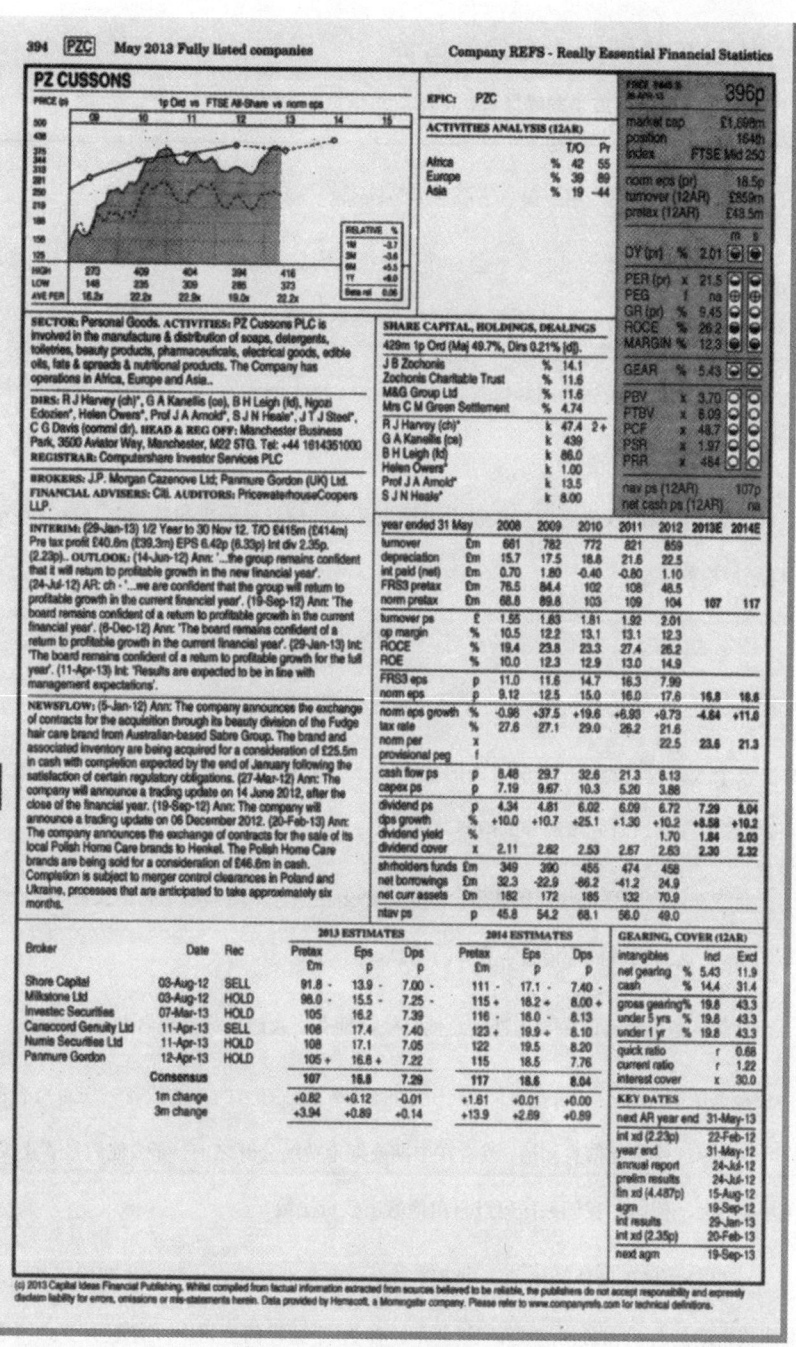

图 5—1 卡森氏公司信息示例

资料来源：JD Financial Publishing Ltd

从股东的行为选择你的方向

约翰·李约注重董事会成员自己的股份给投资者传递的"信息"。

对我而言,在做决策时最重要的投资指标之一与董事们的股份有关。

我乐于看到一家公司的董事会对其企业投入大量的资金,我这里说的是他们以自己的资源进行的投资——不仅仅是股票期权,尽管期权确实起到了激励作用。

公司年度报告必须揭示每位董事在目前和上年末的股票份额,从而可以很容易看出这一年的变化。

但是,认真的投资者需要获得比之更为及时的信息,最理想的情况是在交易发生后立即获得相关信息。

根据法律规定,任何董事的交易的达成都必须在交易发生时马上向公司和证券交易所报告。因此,董事买入或卖出的消息很快就会为公众所知。

我个人的投资圣经——所订阅的季刊《公司参考》中有一个关于董事交易的部分,我经常会很仔细地研究该部分的内容。

我特别寻找的是那些大量董事会成员差不多在同一个时间段进行的交易——"集群"交易,因为这向投资机构传递了重要的信息。

显然,董事拥有的公司内部信息使得他们拥有了超越外部投资者的有利条件。

根据法律规定,如果董事们对于诸如收购举措、有力的并购或者一份重要合同达成的可能性等这些重要信息知情,或者在中期或期末业绩公开之前,那么他们是禁止买卖的。在其他方面,他们和我们一样可以自由地做出投资决策。

为了避免择优挑选的指责,我回顾了在过去几个月所有的股东集群购买的情况,包括主板市场的公司和最初的"A"级公司。在20个这样的公司中,有不少于15个例子中的相关董事在其购买行为中明显获利。至于其他4个——苏黎世金融服务集团、阿卡迪亚集团（Arcadia）、阿尔若维根斯（Arjo Wiggins）、阿斯利康（Astra Zeneca），在价格区间的底线买入的董事同样获利。

尽管我承认市场条件已经相对有利了，但总体结果却表现得很极端。也就是说，不要仅仅盯着董事的嘴（不要太过关心他们说了些什么），而要看他们究竟把自己的储蓄放在哪里了。

股东集群购买情况一览表

公司	购买公司股票的股东人数	日期	购买股数	购买价格区间（便士）	9月10日的股价
AEA Technology	6	March/April	35 720	340/380	492.5
Airflow Streamlines	5	Feb/July	27 300	130/138	171
Airsprung Furniture	3	March/July	15 000	100/124	120.5
Allen	5	June/July	20 529	279/300	335
Allied Leisure	4	June/July	275 700	21.5/26.5	29.5
Allied Zurich	1	Feb/June	21 622	784/953	745
Alpha Airports	3	July	70 000	56.5/57	64
Amstrad	2	April/June	287 000	47/64	93.5
Anglian Water	5	May	5 000	710	731.5
Anglo Pacific	3	April	606 200	14	23
Antofagasta Holdings	2	March/May	20 000	184/270	370
Arcadia Group	2	Feb/July	12 668	186/252	229.5
Arjo Wiggins Appleton	3	March/July	73 655	123/248	229.75
Ash and Lacy	2	May	9 900	119/120	152.5
Ashtenne Holdings	3	April/May	142 314	143/157	174.5
Associated British Ports	2	Feb/March	10 000	262/286	310.5
Astra Zeneca	5	April/May	108 450	2,419/2,531	2,422
Avesco	5	June	16 255	293/305	450
Avon Rubber	3	May	10 333	515	580
Azlan Group	2	Feb/May	70 000	53/77.5	79.5

Source: Author

——摘自1999年12月11日《金融时报》

投资提示：

  如果一家公司的董事没有持有公司一定数量的股份，那我是不会投资这家公司的，你们也不应该投资。对我而言，公司董事持有公司股份的份额越大越好。董事们的交易必须公开透明，我会十分谨慎地观察这些信息，特别是同一家公司的很多股东同时购买或卖出，也即是集群的情况。这些信息可以通过网络和出版物获得，比如《金融时报》财经版和《投资者参考》，它们都会把每周的董事交易活动制成表格，通常还有相应的评论。有时股东卖出股份也有充分的理由，比如买房子、缴纳资本收益税等，但我通常对此表示怀疑。

  让我来谈谈非执行董事吧。理想中，我们想看到素质高且独立自主的非执行董事，他们能够坚定地挑战那些管理者们，但从我的经验来看，他们的素质参差不齐。他们中很多仍然是管理者的盟友或者是退休的前任专业顾问，这种情况在小型公司尤为突出。

几乎看不到傻子或无赖了

那些关于非执行董事作用的大量宣传并没有让约翰·李感到担心。

  现在这个社会中，关于非执行董事作用的长期争论主要集中在像安然和马可尼这样的大公司中。尽管大部分的观点似乎都是赞成提高非执行董事的地位和权利，但仍有少数直言不讳的人对此表示不屑。

  作为一位一直买入更具实力的小盘股的投资者，我有些很不一样的思考。尽管我支持非执行董事这一概念，但我并没有夸大其重要性，他们是否存在也不会特别影响我的投资决策。

我的投资组合中有很多我称之为的私有公司股票，它们实际上是由一个家族或者个人所控制的。大家普遍认为，在这样的公司里，小股东会处在一个非常弱势的地位，必须在很多事情上保持信任的态度。

然而，我却不会觉得投资这样的公司会易受伤害，反而会觉得更为安全，因为我很清楚公司主要的决策者自己的财富和我那些更为微小的资金捆在一起。

我也知道那些没有在公司任职的家族成员或者那些有大量资金投入公司的投资者是依赖于股利收入来维持生活的。

同样，更为保守的态度也适用于董事的薪酬和期权水平。根据我的经验，很少会有股东滥用权力，这些公司里几乎没有"肥猫"。事实上，我连续两年在年度会议上强烈推动加薪和适度期权方案的建立。

与此相反，大公司的很多股东似乎在他们的薪水、期权和津贴方面花费了比运营公司更多的精力。如果一切失去控制，频繁的公司活动和灵活的表外资产负债对于这些董事们并不会造成太多威胁，因为他们所持有的股份通常很少。

综上所述，非执行董事在小公司确实有其角色和价值，而且他们的管理水平和独立性逐步得到了提升。尽管这些公司里仍然有许多无所作为的家族律师和当地的银行经理，但他们已经逐渐被那些在其他公司有着优秀管理业绩记录的成功者所替代。

我并没有指望这些非执行董事会能够扮演某种形式的高级内部审计员，但我确实希望他们对资本支出或收购提议的优劣进行争论和探讨。我也更乐于认为他们会在股利政策、现代公司治理要求和继任计划方面多考虑外部投资者的建议。

此外，我也希望他们能将自己的人际网络和专业顾问融入到那些仍然能够成为独立家族企业的公司中去。对于这种类型的公司，我认为接受非执行董事们并与之共存是很合理的。但我希望他们在极端情况下能够坚持他们的立场，即使是达到辞职也要坚持原则。

> 最后，对于经营公司的执行董事，我也希望他们能够为公司经营全力以赴，发挥领导才能，从而驱动公司的全面发展；我的投资活动的成败本质上完全取决于他们。如今很少有傻子能够经营知名且盈利的小公司，万幸的是无赖更少。
>
> ——摘自 2002 年 6 月 1 日《金融时报》

投资提示：

这些年来，我在很多公众公司担任董事，而且通常有一个令人愉悦的并且我希望终身有效的职位。然而，因为对董事长的态度以及他不愿分离董事长和首席执行官的职务感到不满，有一次我还是选择了辞职。还有一次我是被家族股东代表淘汰出局的，当时我和其他非执行董事对于一些董事会行为提出质疑。我最喜欢的笑话之一是："一台超市购物车和一个非执行董事的区别在哪儿？"答案是："如果超市购物车都有它自己的想法的话，一个非执行董事就可以承担更多的食物负荷。"

虽然如此，最终还是执行董事在经营公司，而我试着接触他们，对于他们的能力形成判断，并且以一个长期投资者的身份与他们建立信任的关系。

读懂高管们的肢体语言和言外之意

不要考虑那些罕见的无赖或傻瓜，大多数公司高管对于其对公司前景的陈述和评论都会抱有负责任的态度。如果利润和市场预测的不一致，那么则需要做出公开声明。

然而，如果认真的投资者想要和所持股的公司保持紧密联系的话，他们需要更为敏锐的观察。例如，对于训练有素的观察者而言，董事长和首席执行官的态度、言语和措词都是重要的信号。我喜欢与我的投资建立这样一种"关系"：通过多年参加年度股东大会或者关于业绩和其他公告的电话讨论而建立起来的。

显然在这个过程中，不论是对于个人账户还是在写文章的时候，我没有利用任何内幕消息或者得知任何秘密。

这个想法在于建立相互信任的关系。然后，在明显的限制之外，人们努力地评估信息并做出判断。如果，打个比方，一个平日平易近人的公司高管连日不回电话并且"有会脱不开身"，显然有什么事情发生了——有可能是收购洽谈或者盈利预警。作为一个投资者，你需要做出一个判断。

依我的经验来看，好消息和坏消息会用不同的方式被告知。如果一切顺利，对于一个问题的回应会是迅速的而且通常伴随着轻松的微笑。当面临着坏消息时，回复会比较慢，而且语言会是精心组织过的。发言者希望既能诚实作答又不会引起投资者的沮丧和恐慌情绪。

当参观一家公司时，我最喜欢的问题之一是："在一个1~10的乐观刻度中，你处于哪个位置？"大部分人总是笑着回答"11"，所以有时候，对于这些折扣是必要的。我反复强调参加年度会议的重要性——更多的消息不是通过正式会面而是伴着喝咖啡的闲暇时光或是在会后的自助餐时间传递出来的。

你可以和董事们以及公司顾问们进行讨论，他们每一个人都会帮你形成一个对于目前场景的"感受"。在食品饮料公司尼克尔斯的年度股东大会上，会前有两位关键人物告诉我："当然我们仍然是一家依赖于天气的公司。"

之后，董事长在会议结束致辞上这样形容目前的生意："还不错，但我们可以拥有一个更美好的夏日运营活动。"根据这个不难推断，目前的利润在某种程度上低于预算，但没有达到盈利预警的程度。

> 相反的，在我最喜欢的电机分销商 Lookers 的年会上，在会前的茶歇时董事长弗雷德·马奎尔（Fred Maguire）显得十分愉悦和快活。我也注意到他戴了一条比平时所戴颜色更亮的领带——可能是一个好的预示。
>
> 果然，我们被告知"利润远超过上一年和预算"，显然这是业绩很好的一年。
>
> 通过盯着屏幕来投资固然很好，但是你无法不与人面对面交流，所以还是走出来吧。倾听和观察，接近人群，研究他们的眼神和肢体语言。如果你努力了，那你将会得到回报。
>
> ——摘自 2001 年 6 月 16 日《金融时报》

投资提示：

从管理层的行为得到征兆。

公司参观和年度股东大会

我很喜欢参观未来将会投资的公司，在那里会见公司管理人员，观察公司的布局，走访工作场所或其他类似的地方，然后对于员工的态度和热情形成"感知"。实质上我在努力做的是构思一幅关于未来购买的图片——一幅拼图，将我从公司参观中看到的东西和我的问题的答案以及我已经收集到的财务数据和统计资料放在一起。我希望一切组合得很好，但有时会亮起警示灯——停在总公司门口突出位置的最新款亮红色法拉利这点可不会鼓舞信心。接下来的 3 篇文章记录了我对三家不类型同公司的参观以及我的结论。

❝ 构思一幅关于未来购买的图片。❞

对于造纸业的一次不错的考察

当我开上 M6 公路去参观肯德尔湖泊地区靠近的造纸厂詹姆斯·克罗珀时，2 月份的积雪刚刚被清理干净，只剩下小山顶上还有些许余雪。

在 2 月早些时候，我被其基本因素所吸引而以 164 便士的价格买入了少量这家公司的股票。它显然是一家"合适的"公司，有着 5% 的收益率和 320 便士的净资产——正像旧时期的"资产情形"。其董事会也十分乐观，显然还需要进一步的审查。

对我而言，参观像克罗珀这样的公司是谨慎投资中的兴趣和令人喜悦的一部分——这是一个让我能够接近我们的工业文明以及赞赏创始家族及其公司对社区生活所作出的贡献的机会。藏在肯特河岸那座占地 8 万平方米的工厂就是詹姆斯·克罗珀（成立于 1845 年）。

这是造纸业最老的工厂之一。现任的第 15 代董事长詹姆斯·克罗珀（James Cropper）就住在附近。该公司年度报告（仅仅为了其纸张的质量就值得成为它的股东）声明："公司每年支付 26 250 英镑用以维持水库对工厂厂房的供水……"

这是一个关于对多湖泊地区作出巨大贡献的家族企业的故事，也是关于不断创新和资本投资的故事——在 1976 年~1991 年之间，公司花费了 4 300 万英镑用于重新购置装备。现今公司有 500 名职工，3 000 万英镑的营业额和大量的出口业务。

公司下设 4 个主要的部门：特种纸——这家公司是英国最大的装订用纸生产商；改装纸——生产用于相框配件和展板的纸；技术纤维产品——从人工矿物纤维中特制无纺布材料，如碳、陶瓷、玻璃等，正在与美国的一家合资公司庄信万丰（John Matthey）公司合作开发燃料电池技术；最后是高速发展的特种纸连锁店——第 19 家店刚刚开业，还有 30 家在计划之中，零售 50% 的克罗珀产品。所有的部门都盈利。

当我参观该工厂时，克罗珀的股票市值仅仅为 1 400 万英镑。最可笑的是，有人将这样一家最具专业性和价值的工厂与那些被桌子希望和靠祈祷的股票或者有类似市值的药物研发企业相提并论。

到目前我承认这都与所得利润和支付的股利有关。2001年，克罗珀的利润不断波动，甚至出现了亏损，但目前总体趋势是向上走的。随着年度报告中有关"通过股利的渐进性增长"等奖励股东的言论的发表，股利已经得到了稳定的递增。希望正因如此使得股价及时稳定地向前移动——这家家族控股公司的资产价值从某种程度上来说是纯理论的，而且其位置也不是房地产热点。此外，该公司还有一个巨额的养老基金赤字问题亟待解决。

尽管如此，但公司财务总监约翰·丹曼（John Denman）自信地认为克罗珀是一家"强壮的"公司，其财务杠杆适中，主要的资本支出已经完成，而其新技术提供了长期调剂品。

在参观完之后，我对于增加我的持有份额产生了充分的信心——在供不应求的市场这不太容易得到。随后的一份乐观的交易声明把股价推到了190便士左右，而收益率则下降到4%。

从那年开始到2006年3月的利润增长应当可以实现两位数的市盈率。该公司的股票不是短期的廉价品，而是给人以希望的、真正的"长期证券"。我个人觉得对肯特河畔的考察比对White Nile考察的更令人心情舒畅。

投资提示：

由于最后我发现了更为激动人心的机会，于是我仅仅持有克罗珀的股票几个月，得到了微薄的利润。我以175~225便士的价格卖出——现在，8年之后，股价达到310便士左右，这并非最好的成绩。常言道："总有一天克罗珀的时代将会到来，但是很多股东在等待中已经死亡。"

为稳赚的人干杯

我到位于蒂斯河畔斯托尔顿的 Brulines 公司度过了一整天，它是一家主要的"实时监控系统和为前台服务部门提供数据管理服务的供应商"。这家有趣却鲜为人知的公司在 2006 年以 123 便士的价格在另类投资市场上市——从那时开始，我以 80~96 便士的价格分别进行了 11 次购买，从而获得了我现在持有份额的组合。

该公司首席执行官詹姆斯·迪克森（James Dickson）也购买了它的股票。上个月，他以 84 便士的价格买入 5 万股，使得他的总份额达到接近 400 万股，或者说是公司 2 600 万市值的 14%。

Brulines 公司的核心监控和信息系统已安装到英国近 2 万家酒吧，覆盖接近 1/3 的市场，包括他们的饮品和游戏装置。其能源装备更受欢迎，被 60% 的零售商按体积计算使用，这使得这个部门明年将开始获利。总体来说，这个集团的循环收益现在已占营业额的 70%。

这个团队的热情和技术所创作的新商机给我留下了深刻的印象。韦博得集团（Whitbread）的咖世家（Costa）和 Coffee Nation 连锁店都是它的客户，而且 Brulines 公司正在与 Visa 欧洲总部洽谈合作，为自动售货机提供非接触智能支付技术。

据预测，从 2012 年初到 2012 年 3 月 31 日的税前利润将达到 400 万英镑，Brulines 的市盈率为 9 倍，而且提供丰厚的达到 6.25% 的股利率。

我坚信这是一家为发展做好了坚实准备的集团。而其他的名声将会更加远扬，而且我希望它的价值将会在接下来几年中被重估，同时派发不错的股利。

然而，除了 Brulines，我最近基本没有任何买入。随着市场上行，我没有发现太多真正具有吸引力的机会，因此，我为自己设定了一到两次的增持限定。

我曾经持有世界领先的包机代理航空伙伴的股票达到很多年，但其股价频繁地遭受空中动荡！1999 年，我第一次以 2 英镑的价格买入，随后在 2001 年~2002 年从我的个人股票计划中以 3 英镑的价格卖出了一部分，在 2007 年以 11.40 英镑的价格卖出了更多。那年稍晚的时候，它的股价达到了 14 英镑的顶峰。

尽管交易环境不稳定，但这家公司一直保持着正现金流，即使是发布谨慎的交易声明，在其 2 800 万的市值中有 1 300 万的部分属于现金余额。我在个人储蓄账户中以 280~285 便士的价格买入了更多。

另外一个诱人的投资机会是设在利兹市的地产公司 Town Centre。2012 年 2 月其公布的中期业绩披露，其总体出租率达到 97%，因此，我很高兴地以 139 便士的价格买入了这只股票，也是放在我个人储蓄账户中，大约占资产净值的一半，而且有 7% 的收益率。目前股价已经回升到 170 便士了。

纵览我其他的股票，有 4 只一直在历史最高纪录盘旋——达尔康、芬纳、尼克尔斯和 S&U。然而 Norcro 发布了令人失望的交易声明——幸好我只持有少量——而更为重要的是来自于 Gooch&Housego 的消息，他们失去了工业激光的大量订单。尽管如此，但 Primary Health Properties、出版商 Quarto 和韦恩集团都呈现出很好的业绩以及颇受赞赏的股利增长。我最大额的股份持有是来自香料和香精公司悎利，其也在报道中表明公司 2012 年 1 月和 2 月的订单不断增加。

——摘自 2012 年 3 月 3 日《金融时报》

投资提示：

Brulines 现在已更名为 Vianet，目前有些令人失望但我依然坚持自己的信念；显然有些重要的合同协商比预期用时更长。然而，它保持了其股利，而且发起者詹姆斯·迪克森进一步增加了他本来就已经很大的持有份额。

引人深思的安彭利集团

在 8 月份一个晴朗温暖的早晨，我穿过峰区去参观另类投资市场公司安彭利集团位于诺丁汉郡沃克索普的 Manton Wood Enterprise Park 总部。

在 2012 年 1 月份以 82 便士买入该股票后，我就一直身在国外。但我在之前见过该公司的首席执行官大卫·布伦（David Bullen）以及财务总监凯伦·普赖尔（Karen Prior），并且承诺自己将在议会休会期间去进行一次参观访问。

尽管该公司是一家比我通常所支持的企业更为年轻的公司——它在 1996 年才成立，并在 2005 年获准在另类投资市场上市，安彭利拥有我所寻求的要素：全心投入的管理层，没有负债，正现金流，盈利性的成长，还有渐进的派息政策和世界范围的营业额。这家公司"向超过 70 个国家配置、生产并出售高品质的天然动物饲料添加剂"。其销售组合大约是：欧洲占 50%，亚太地区占 25%，中东占 10%，拉丁美洲占 10%，非洲占 5%。去年在阿根廷、孟加拉国、日本、韩国、马来西亚、墨西哥和土耳其有着尤为突出的贸易业绩；未来的贸易计划将会集中在中国和巴西，因为这两个国家的猪肉和禽肉生产产量占世界总量的 40%。

该公司最近收购的美瑞康（Meriden）公司曾在中国有强大的影响力，其在中国的前 20 个饲料加工厂中占了 16 个。基本面是有利于安彭利：不断增长的世界人口，加上有关支持天然添加剂和避免使用抗菌的生长促进剂的立法公布。此外，由于全球的饲料市场十分分散，尽管有着像巴斯夫、拜耳和泰高这样的大型公司，很多小公司也可以在提供并购机会的利基市场获得成功。

在我参观的过程中，我的小女儿埃尔斯佩思（Elspeth）的陪同让我感到很高兴，她在营养学行业任职，可以提出技术上的建议和疑问。在简要介绍之后，我们与普赖尔、执行副董事长理查德·爱德华兹（Richard Edwards）以及高级技术人员一起参观了相对较小的永久产权场地，目前这个场地只有 50% 在使用——安彭利在北约克郡设立了另一家工厂。

这家公司股价大约为每股 1 英镑，市值仅为 1 900 万英镑，市盈率为 9.5，在股利很好覆盖的基础上其收益率为 2.5%。如果其收购政策十分谨慎且保守，我几乎看不到负面情况。此后的 5 年内，它一定会迅速地发展壮大，很有可能会越来越吸引贪婪的国际性竞争对手。尽管这是一个很紧俏的市场，我还是增持了我的股份，而且埃尔斯佩思也购买了该股票，将其加入到她的投资组合中。安彭利 2012 年的中期业绩预计会在 9 月 19 日公布。

现在我们看看其他的股票，它们的业绩也令人鼓舞。没有真正令人不快的情况，只有一些来自达尔康、詹姆斯·费希尔、S&U 和 VP 的好消息，伴随着在斯密斯新闻公司上稳步向上的重新评估。

最后，防卫照明装置和诱饵制造商柴姆伦（Chemring）也有一些有趣的事。我是以 3 英镑的价格买入其股票的，但是两周后私人股权公司 Carlyle 进行了一个初步的探讨，从而股价激增了 1 英镑。然而，这周的盈利预警有了一个急剧的逆转，因此我以 3.28 英镑的价格微利迅速出手。

——摘自 2012 年 9 月 1 日《金融时报》

投资提示：

2012 年，我以 80~105 便士的价格 12 次买入另类投资市场上市的安彭利控股。除了相当乐观的业绩和股利增长之外，其股价的走势也很好。我预见到安彭利控股将会有很好的发展，而且期望它被一个更大的公司所收购。

显然，对我而言，带着财经记者的帽子，安排一次公司访问相对比较容易，尽管我怀疑如果私人投资者尝试去参观更多他们所持股份的公司，他们是否也会对自己受到的接待感到满意和惊喜。但是，在年度股东大会出席上没有这样的局限和限制——年度股东大会是向全体股东开放的。这些年来我参加了许多能够了解更多信息的来自非正式会议的董事会的私下讨论，比如会前或者会后的交谈，这样，参与者会对公司文化和特征形成印象。

参加年度股东大会是值得的

约翰·李发现如果私人投资者能够采取正确的方法，他们就会得到一笔划算的交易。

人们对公司年度股东大会最普遍的现象是那是一些必须面对的杂务：5分钟的正式决议，很少有股东提问；20分钟轻松的交谈，然后又回到严肃的商业谈话中。

我对此持有相当不同的观点，而且作为一个私人投资者，我会将年度股东大会看作是一个真正了解董事会成员的观点并且获取信息的机会。通过参加这些会议，我得到了经济上的收获，还有很多有意思的小插曲，如享用了一些可口的自助餐，而且获得了至少一个非执行董事的职位。

对于年度股东大会的股东的心理情况的把握相当重要。董事长通常会感到不安，他们会和顾问一起花很多时间准备那些可能提出的难题。如近期被解雇的销售经理是否会跳出现来发泄私愤呢？

当然，通常情况下不会有什么麻烦事发生，会议一般会平安无事地进行。董事长开始放松下来，解除戒备心理。这时对于股东而言是绝佳的行动时机。

小心地记录他们的表情、反应和细微差别——所有有价值的信息。如果董事长是占支配地位的股东，那任何家族继承权的旁落无不指向未来的收购。

我想起多年以前，在伦敦参加烘焙配料制造商 Goldrei Foucard 公司的年度会议的情况。我是带着"没有下一代来继承这个优秀的董事长的位置"这样一个印象的。因此，我买入了更多的股份，并且在几周后因一场收购收获了回报。

有时候，你会看到家族矛盾。在一次伯明翰的年度股东大会上，当董事长正在就交易情况做出精心准备且谨慎小心的声明时，被他坐在一旁的兄弟打断，他大声地宣称实际情况比这个要好很多。在接下来的会议中他们彼此一直怒视着对方。

主要的机构投资者很少参加年度股东大会（他们有自己的非公开简报），因此这些会议是私人投资者的剧场。你一定要意志坚强。不要浪费时间，去自助餐那儿帮一会儿忙，这个时间你可能会获得重要的信息。

参与年度股东大会通常是很容易的——许多公司对于股东的出席感到十分高兴。有些公司会在门边放置一张桌子，桌子上放着股东名册的大量副本。然而通常只需看看授权书或者说明你的股份是在被提名的名单中，就可以进去了。

一定要确保你能够很早到达。一些董事会成员通常会到得很早，而且会非常乐意与你交谈，特别是那天他们要参加改选的话。

在最坏的情况下，你需要设法应付公司秘书。但是他们可以成为很好的盟友，能够接通你之后打过来的后续电话。

公司的成功、发展和诚信（你的投资也一样）与董事长和/或首席执行官的个性、能力和志向紧密相关。

如果他有一辆很炫的宝马，而且是个性化的车牌号，穿金戴银，并且野心勃勃地想要拥有一家自己的足球俱乐部——这无疑是个坏消息。但是，如果是一辆保守的车，穿着绅士的鞋，喜欢打板球，戴着褪色的军团条纹领带，并且是当地学校董事会的一员，这释放出的则是好的消息。

当然，以上的描述不包括那些市盈率高于 50 的 IT 公司里 30 多岁被誉为神童的创造者和千万富翁。他们和我生活在不同的星球，无论如何，政策的判断和人格测试对他们都不适用。

总体而言，参加年度股东大会的价值会超越许多投资者的想象。花费一些时间是有价值的。

大部分年度大会都在合理的时间和地点举行。但是，如果你忠于一家在节假日举行年度股东大会的公司，那你也只能怪自己了。

投资提示：

我认为这篇文章的目的是不言自明的——在任何可能的时间里，我都会无条件支持参加年度股东大会。

至少我赶上了自助餐

约翰·李认为有时候最严峻的挑战是控制好那些茶杯和咖啡瓶。

这些年以来，我在全国各地的公司办公室、酒店套房和会议室参加了无数次的年度股东大会。这本是一年内董事会和私人投资者建立沟通桥梁的真正机会，但因为太过频繁使这个活动变得短促而乏味——这对双方而言都失去了意义。

现如今，大部分董事长都依赖于一张精心润色和撰写的纸条，那上面甚至有小心挑选和准备的决议案提名人和附议人名单；通常董事长都高度紧张和焦虑，他们担心被问到很难的问题。

对于那些费心去参加会议的普通股东，最大的挑战是掌控好背后桌子上的大茶杯和咖啡瓶，小心不要让热的液体溅得到处都是。

进入会场有一点小麻烦。在入口处通常有一个具有威慑力的行政人员坐在一大堆股东名册的副本后面负责登记注册。你只需晃动你的报告或者账户的副本，或者更为管用的是，声明你在被提名的名单中，通常你就可以进去了。

如果没有问题提出的话，大部分年度股东大会会在几分钟内结束。董事长会庄重地宣布他获得连任的决议，拥有1 000万赞成的代理选票，只有300票反对。

当大家都在猜测少数反对者的身份时，会场里到处都有嘁嘁的笑声。有可能有些股东刚刚把X填错了地方。

有时候会遇到一个墨守成规的股东，他会一直提出他的笔记本中记录的很重大的复杂问题，并且频繁地提到"我们的公司"，然后让每个人去找一些模糊的点，比如，第23页的C部分。

一开始大家还能忍受，到最后每个人都会感到厌烦，接着感到恼怒，直到大约第8个问题时，董事长提出会后进一步讨论，他才会罢休。

每次的年度股东大会都会有趣闻轶事发生。几年前在伯明翰，当董事长就交易情况做出精心准备且谨慎小心的声明时，被他坐在一旁边的他的兄弟打断，他大声地宣称，实际情况比这个要好很多。

我印象中的另一次是在Metalrax的年度股东大会上。离会议开始只有一分钟了，在最后一个拐弯处我慌张地冲进了一支葬礼队伍中，一个穿黑衣的人步行着带队，整支队伍缓慢前行。最终，我错过了正式会议，不过还好，我赶上了自助餐。

对我而言，年度股东大会是日历上很重要的日期——一个很好的机会，可以接近董事会，在会议期间与人交往和谈话，增加对公司及其特性的了解；也可以评估下一年的发展前景，核实诸如股利政策以及是否有家族继承人等问题。

2002 年，我参加了专业保险经纪商 Windsor 在伦敦的年度股东大会。我喜欢这家公司的整体风格，在这家公司的所见所闻也令我满意，所以，随后我安心地增持了它家更多的股份。上个星期，Windsor 的年度股东大会公布了公司下一步的发展，展示了其积极的一面。在这两次会议间，其股价大幅增值。

公司可以采取更多的举措以鼓励股东们参加年度股东大会。除了食物和小礼物之外，他们还可以考虑加上产品展示和介绍，可以放映关于活动和海外运营的录像。这些举措都会使会议变得更加生动和振奋人心。

私人投资者经常会错过这个获取信息的特别机会。

——摘自 2003 年 2 月 15 日《金融时报》

投资提示：

没有什么要增加的了！

如果有可能的话，参观公司、出席年度股东大会以及适度的私人探访也都是明智且可接受的。我记得我曾经以一个顾客的身份参观了很多HMV的店面并且与其员工交谈。尽管有足够多的疑点和负面消息阻止我对其进行投资，但我愚蠢地忽视了它们并且付出了代价。你一定要时刻保持理智，不要让感情支配头脑，也就是说，有时候你只是想要相信你所发现的股票值得购买，而且你希望你的进一步调查会带来积极的结果以证明你的购买决策。这正是我在HMV调查中所发生的——我没能保持足够的公正和理智。在第7章"我的错误"中，我将阐述我更多的失误。

> 你一定要时刻保持理智，不要让感情支配头脑。

如果一家公司吸引我，我会去和公司的秘书或者前台联系，索要一份最近的年度报告副本。这些报告不仅包含账目，而且会给出大量的公司信息。尽管业余投资者对大量的细节没有太多兴趣，但是一定要该公司的董事长或首席执行官对于未来交易的评论。

第6章

创建投资组合

HOW TO
MAKE A MILLION
- SLOWLY

My Guiding Principles from a Lifetime of Successful Investing

很少有投资者在创建自己的投资组合时会考虑其持续性或逻辑性。一般的投资者在投资时并没有明确的目标或构架，他们手中往往持有一系列价值不断变动、收益率剧烈波动的股票。而在这些股票中，除了一小部分私有化或合营企业的股票之外，大多数股票的购买都是基于"道听途说"：从城市专栏中"值得一赌"的推荐信息，来自高尔夫俱乐部第19洞边关于股票的流言蜚语，再到假期乘机归程中隔壁经理人的推荐，甚至于听从经常拜访你妻子或朋友的讨人喜爱的零售商的建议……以及其他个人的原因。总之，大多数人选择的股票组合有些像"狗的早餐"一样杂乱无章，毫无逻辑。

该种类型的投资组合并不会给你带来巨额的财富，其表现也就稍微好于一般的组合。简单举例来说，如果你手中持有3只股票，这是你选择的一个极端的投资组合：其中一只价值5万英镑，而另外两只的总价值只有不到1 000英镑，那么后两只股票的表现相对于前者的5万英镑来讲，是无关紧要的。在进行投资组合时，你需要确保你最看好的股票在组合中占有重要的比例，从而影响到整个组合的最终表现。

一些投资咨询师认为，股票分为收入型和增长型两种：收入型股票给投资者带来固定且丰厚的股利；而增长型股票的收入较低，甚至是极小的收入。在长期公开上市公司中一般需关注的是其保留利润，即为了在未来获得更大的利润，将这些红利收入重新投回股市。

> 你需要确保你最看好的股票在组合中占有重要的比例，从而可以影响到整个组合的最终表现。

我一直认为，一位投资者应该努力获得这两种收入的投资组合，实际上这两种类型的股票之间是存在明显关联的。在第4章中，我曾经在估值部分提到我个人认为合理的预期收益率为5%，以及处于个位数状态的市盈率。然而，我们必须承认的是，在长期公开上市公司中，能达到上述标准的公司越来越少，在未来，投资者可能不得不接受比之前更低标准的首次股利收益率。

你的投资组合规模有多大

投资者就"投资组合中应有多大的比例投资于股票"这一问题上有许多不同的意见，在关于风险度量和将太多鸡蛋放在一个篮子里的问题上总是众说纷纭。在我现今的包括所有个人储蓄账户和非个人储蓄账户股票的投资组合中，我一共持有35种不同的股票。35这个数字本身并没有什么神奇的魔力，但是跟踪太多的股票是一件极其耗费心力的事情，许多投资者都认为35是一个适度的数字。

我所持有的各种股票所占比例各不相同，这其中大概有 10 个原因，但此处我先列出其中 2 个原因。

1. 某些情况下，我在购买一些公司创立发展初期所发行的股票时，一般还需要收集其他信息增加对这些公司的了解，然后再考虑是否增加对其股票的持有量，因而某些股票的初始投资份额较小，但是一旦我增加了对该股票的信心，就会立马增加购买量。

2. 那些占有极高持有比例的股票，是经过数年的积累形成的。对于小型资本市场中的股票，其股票发行规模相对有限，因此，我经历了十几次甚至更多次才达到现在股票的规模。

此处我未提及国外的公司，也未提到资产或种类的分配，我只关注特定的股票。以下是我这样做的原因。

如果你是一个大型机构的基金经理，你总是购买 X% 的美国股票，Y% 的东南亚股票，以及 Z% 的欧洲股票等，并将一系列的股票平均分配：一部分用于购买银行和金融机构的股票；一部分用于购买媒体企业；另一部分则用于购买医疗企业。对于基金经理来讲，这属于正确的投资方式。但是我认为，私人投资者因为其投资组合规模更加小，应该采取不同的方法。我个人更偏好于以英国为总部的跨国企业，因为他们努力在世界化的市场中寻求售卖产品或服务的机会。我目前的投资组合中的 4 个主要企业——达尔康、尼克尔斯、卡森氏和悌利都属于在海外地区盈利的跨国企业。然而，我对其他的企业也有涉猎，现在手中还持有的 1~2 个主营区在国内的公司，如主营经济新闻和期刊事业的史密斯新闻和专门经营农业服务的韦恩集团，这两家公司的主营区域都是英国地区。

> **"** 我个人是更偏好于以英国为总部的跨国企业。**"**

对风险的态度

在开始选购股票并组建你自己的投资组合之前,你首先需要决定将要投入多少资本用于分配。所有的股票投资都带有一定的风险,你首先需考虑你愿意接受的风险程度。我认为任何人在投资之前,都应在投资组合之外保留一定数目的流动资金以应对家庭紧急情况的发生。即使组合中可能存在一定比例的、可以快速变现的资产,也需要注意防范发生在20世纪70年代初期的第二次金融危机的类似事件,或者2008年次贷危机中,投资者的股票在崩溃的市场中变得一文不名的情况。除此之外,主要投资于小型资本市场的投资者可能面临一个更加紧张或受限制的市场,因此,这些投资者在将其资产转化为现金时,需要具有足够的耐心。

我还要建议你不要一次性地完成所有的股票投资。你在选取某种特定的投资组合时,需要慢慢地、以你自己觉得舒服的节奏来构建自己的投资组合。

每个投资者愿意承当的风险程度各有不同。简单来说,投资者的风险程度选择可从高风险的生物技术或者爆炸型股票(当这些股票投资成功的话,那投资者的收益将会是巨大的,但一旦失败的话,几乎会损失全部,因而我绝不选择这些股票)到相对安全的、已经稳定的公司——如从事丧葬事业的Dignity、烈酒行业的迪阿吉奥(Diageo)、零售业的特斯科以及从事家用产业的联合利华。后者的价格波动取决于他们的盈利能力以及股市的整体表现,但是这些行业的利润损失也在一定范围内,投资者不会失去一切。

我投资的主要原则之一就是与其追求利润,还不如避免损失。在高尔夫球比赛中，毁掉所有局面的做法是将球打进河流或树丛中。投资与之同出一辙，投资组合中的损失会将整个局面毁掉。

投资风尚——理性和非理性

以我的经验来看，在股票价格的变动中理性多于非理性，但是有些时候过度的理性购买会把价格推高到不可持续且不现实的水平。如果现在回顾制药业、超市和移动通信这三个不同行业的业绩，你应该就会明白我的意思。

这些部门之所以在过去被视为增长率极高的部门，都是有其显著原因的，因而这些公司也被授予了相应的评级。但是，虽然股票按人们的预期在持续增长，这些部门中的领头企业的股票回报率却一直保持较低的水平。沃达丰的股票回报率一度只有1%。早期购买这些公司股票的投资者可能会有所收益，但后期投资这些股票的投资者肯定是处于损失状态的，鉴于此，这些行业都已成了"明日黄花"。比如，对于制药企业来说，政府近几年越发不愿意支付高额的药物价格，各企业间的基因产品竞争逐渐减少，而研发部门的成功率也越发降低。城镇中也已充斥了过多的超市，超市在越来越追求安静的社区中的过度竞争连带毁掉了商业街。与此类似的是，智能手机的卖场经营也越发艰难，虽然越来越多新的供应商以更加低廉的价格为市场提供新产品，但英国绝大多数的人已经至少拥有了一台智能手机。

因而，之前的增长型股票的信用评级被下调，它们的股利收益率也因此升高，投资界也将这些股票从增长型股票重新归类为收入型股票。在沃达丰的股票价格较高时，我是绝不会购买它们的，但是在2009年其收益率达到了6%之后，我立马以122便士购买了它们，并在2011年我的个人储蓄账户中该股价格达到163便士时，为了避税而把它们卖了。自从该公司将他们在美国的Verizon卖掉之后，其股票价格就一直上升。我的保守策略可以使我避免购买股票价格在PER水平为20以上或者收益率极低的股票。

在股市中，时不时会有一个小型的投资部门收益率突然升高进而激励像服了毒品一样的投资者蜂拥投资进入该市场。在1997年11月，我以187.5便士的价格购买了5 000股诺德英吉利公司的股票。它是一家北欧专门经营私人教育机构设施和儿童护理设施的公司。在此后不久，该公司获得了政府某项培训设施的合约，自此之后，媒体立马给予其正面的评价和推荐。人们像疯了一样拥进一个供给相对紧张的市场中购买该股票，诺德英吉利的价格飙升，当我在4个月后卖出时，该股票的价格为437便士。不幸的是，由于管理不善以及收购不成功，该公司的股票再未达到过之前的峰值，它的股价开始狂跌，不久之后，该公司就被收购重组。

> 在股市中，时不时会有一个小型的投资部门收益率突然升高进而激励投资者蜂拥进入该市场。

互联网世界为我们描绘了投资者的不理智性和轻易受骗性，并向我们展示了跟风的危害。有段时间，投资者蜂拥购买任何拥有网站或只要和互联网沾边的公司股票，并像疯了一样推高其价格水平。我一直以来都小心翼翼地避免该情况的发生，除了在2000年2月，我的股票经纪人向我推荐一只名为"Just 2 Clicks"的股票后，我决定以150便士的价格购买6 666股该股票。一周后，该股票价格升高到250便士。Just 2 Clicks并没有任何的实体经济，它纯粹是靠运气和人们的祈祷而存在着，它并不属于我长期投资的类型。2000年1月，我在《金融时报》的"我的投资组合"专栏结尾曾写道："我绝不去当一个日交易者，当这些价格过高的互联网公司的股票最终受到打击并开始暴跌时，为此而哭泣的人中绝不会包括我。"

许多投机者通过股票持续上涨而不断地赚到很多钱，但有更多的人在价格暴跌时挥洒了太多的血泪。我们应该学到的教训是：在跟风时应该小心谨慎，以防在欢愉中失去一切。

什么时候卖出和什么时候留下

不论你是一名专业投资者还是个人投资者，何时卖出手中的股票通常是最难抉择的问题之一，事实上，它也是属于很难给出指导意见的领域之一。你在某只股票上有所亏空是相对容易的一件事，我的建议是实施20%的止损原则，即当股票的原始购买价格已经下跌20%时就应卖出它们。我们应该允许公司犯错误，但也应该设立标准。通过卖出并承担现有损失的方法不仅在财务上属于正确的方法，更重要的是它还有助于我们清理残骸，恢复作为投资者的信心。你每天研究自己的投资组合，它却处处提醒你你的投资错误，没有比这个更令人沮丧的了。你需要接受损失并迅速转移注意力。每个投资者都会犯错误，但通常他们只希望同别人讨论自己的成功经历，所以不要再傻下去了。我将在下一章详细叙述我所犯的投资错误，你会发现它们实际上为数不少。

如果拥有盈利的股票，我的一般方法是让盈利继续增长。不要卖出那些每年都会盈利且派发股利的公司。我的许多错误中也存在一些不当的选择，但大多是因为太快出手已经盈利的股票。在投资界存在着各种南辕北辙的建议，一些投资者建议卖出盈利股票的一半来保证你以零成本处于均衡状态。投资界还流传着罗斯柴尔德家族的一句谚语"我通过快速卖出盈利的股票来获利"，即不要太过贪婪。但总的来说，我会让盈利的股票继续增长而不是急于卖出。

然而，大多数成长型企业都会经历盈利增长的停滞点。此时应该保持足够的耐心，悉心等待，不要丧失信心。只有当你的股票价格看似太高，即超出合理范围内时你才需要卖出它们。或者，如果你相信公司的未来充满了不确定性或者会迅速变得更加糟糕时，你才需要卖出它们。

> **大多数增长的企业会经历盈利增长的停滞点。**

总之，在等式中添加时间的概念，私人投资者犯下的最大错误往往是不停地改变投资选择。你的经纪人也许会十分开心，但你绝不会因此而成为百万富翁。

正如股神巴菲特所说："一种近似懒惰的倦怠态度一直是我的投资风格的基石。"这种态度是值得推崇的。

第 7 章

我所犯下的投资错误

HOW TO
MAKE A MILLION
- SLOWLY

My Guiding Principles from a Lifetime of Successful Investing

每个投资者都应该直接并坦诚地面对自己的错误。正如我在第2章中提到过的，作为一个投资者，你应该直面损失并继续前行。在本章中我将会告诉你我所犯下的投资错误，并向你展示我从中学到的教训，以及你可以从中领悟到的道理。

我的错误分为两个清晰的类别：太快卖出手中的股票以及错误地判断了个人股票的类型。很显然，前面那种类型让我损失更严重。然而，在这几年中，我在资本投资有限的情况下，一般会将盈利挪作他用，从而减轻了之前的损失情况。我会用新获得的利润缴纳资本收益税并辅助我的日常生活，比如用于度假、古董和字画方面的开支，或者为下一轮的投资想法攒下资本。将所有的盈利再次用于投资的想法在金融界中看似完美，但是你需要知道现实世界比投资世界拥有更多的创造个人财富的机会。我父亲生

> 如果你可以承担将盈利，特别是无税的个人储蓄账户重新投回市场的负担，这也是值得鼓励的行为。

前经常开玩笑说："钱不是用来花的而是用来购买股份的。"但是在现实世界中,许多私人投资者可能只需要或更喜欢将股利用于个人的支出。毕竟谁都不想在坟墓中做最富有的人。然而,如果你可以承担将盈利特别是无税的个人储蓄账户重新投回市场的负担,那也是值得鼓励的行为。

我所犯下的错误

首先我们来看新的问题。1967 年,我以 27.6 先令的价格购买了 100 股 William Morrison Supermarket 公司的股票,并在第二天以 34 先令的价格卖出并获益 30 英镑。我的做法是多么错误啊。45 年之后这些股票将会价值多少钱啊?

在 1983 年私有化的进程中,我成功地以 112 便士的价格获得了 100 股 Associated British Ports(ABP)的股票,并在 1986 年以 555 便士的价格卖出。当时看,我的确在该交易中受益匪浅,但现在回头来看,ABP 公司应该是所有私有化公司中盈利率最高的企业,它在被收购之前整整增值了 70 倍。如果我当初……该多好。

然而,在所有的记忆中最让我伤心的还是将某些具有高价值的股票过早卖掉。1972 年,我斥资 1.9 万英镑购买了当时的小型纺织/商业企业鲍迪尔公司 6 万股的股票,当时该公司正准备收购它的第一家热处理公司,当时我在这家公司中投入了过多的资本,因为我觉得承受不了其下跌所带来的损失,在其股票处在低点时以亏损 3 000 英镑的市场价格卖出了该股票。在之后的 40 年里,鲍迪尔成长为世界热处理行业中的翘楚,其资本价值在今天价值十几亿，我如果没卖出那些股票，都无法估算出这些股票今天价值几何。

下一个类似的财富损失的案例是广告传媒集团 WPP。在 1984 年 12 月我购买了一家由益格鲁撒克逊人（Anglo-Saxon）主导的东部小型制造企业，其主要生产超市的篮子、动物实验所用的笼子、金属和塑料制品。我在该企业投入了 9 000 英镑，希望该企业在未来大有所为。第二年早些时候，马丁·索瑞尔（Martin Sorrell）先生也加入了该公司。我必须承认，在此之前我对他一无所知。他购买了一些股份，当时他似乎想要通过该企业大展宏图，股票价格随后上涨。在此之后，我于 1985 年中期很开心地以 2.6 万英镑的价格卖出了所有股票，并感到心满意足。而今天 WPP 成了世界闻名的跨国广告和媒体集团，价值 160 亿英镑。马丁也因此受益颇丰，而相比之下，我就是个十足的大傻瓜。但当年的我并不知道这些事情。

Croda 又是另一个失败的案例。我于 1982 年以每股 73 便士的价格投资 2 000 英镑在该公司，并以 56 英镑的收益售出该股票。而今天该公司股票的价格大约为每股 25 英镑。我在 1992 年购买了 Border TV 公司的股票，当时该公司还从属于地区性的电视产业，我认为该公司有可能在未来被大企业收购。但之后我失去了耐心，尽管我是在 6 年后以每股 346 便士的价格卖出该股票，共获得 1.7 万英镑，其中获益 5 000 英镑，但如果我再多持有该股票两年的话，我将会在该公司的收购战中以每股 14 英镑的价格获益。详细情况可以参考我下面的"在困难中学到的投资教训"一文。

在困难中学到的投资教训
约翰·李认为他从数年的股票买卖中学到了许多教训。

工程集团 Charter 和纺织企业考陶尔兹（Courtaulds）的共同点是什么？它们在近期的收购战中的股票收购价格要高于其市场价格 1 倍。

如果你在近期购买了这两家公司的股票，那再好不过了。但是，对于长期投资者来讲，这只是对于自己在这两家公司多年死气沉沉的经营业绩下仍耐心等待的一种有限补偿。

然而，对于我这样的价值投资者来讲，收购战中的价格只是显现了该公司的实际价值而已。在数十年中，我已经作为几个收购战中的被收购方学到了许多重要的道理：

- 充满耐心并坚持自己的判断，不要在收购战开始之前就被蝇头小利所吸引而卖出股票；

- 静心等待收购战的结束，就会有所回报。通常在收购战中会出现别的竞争对手，从而使投资者最后可以高于原有推荐收购价格的溢价中获益；

- 不要考虑通过贷款或者其他方式来延迟缴纳资本所得的税收收入，这通常会使资本在更长的时间中被束缚。

我通常愿意缴纳税收，这样可以尽快地将手中的投资资本用于下一次的投资机遇。

回顾从前，我所犯下的最严重错误是在 1998 年 3 月，把所有获益的股票的一半份额卖掉，这其中就包括 Border TV。

我在1992年以107便士的价格购买了Border的股票，当时的回报率在6%之上，并相信有一天某个媒体大亨将会收购该公司。在6年之后，我以每股346便士的价格获益。现在，经过一轮生死较量似的收购战之后，Border的股票价格是每股14英镑。

有些时候，我很后悔当初没有在第一时间购买该股票：一方面，我一直认为网球/娱乐部门领导人物 大卫·劳埃德（David Lloyd）将会吸引其他收购公司的注意，所以当韦博得集团出手时我也并不感到惊讶；另一方面，我也一直认为Smith和Nephew最终会被其他公司收购。

在这几次买卖中，我的投资组合中每年都有2~3家公司经历令人喜爱的收购战。空中运输企业布瑞德波特、特拉福德公园地产和Henry Cooke是其中最成功的3只股票。我对于拥有坐落在利兹的汽油燃料生厂商Bray Technology的股票感到特别幸运，我大约在6个月之前购买了该公司股票。

我现在主要持有的股票是1998年末购买的一家采石和房屋建筑公司布里敦的股票。布里敦刚刚同意以180便士的价格接受的收购，收益率达到100%。

我现在正想要进行重新投资的公司有Royal London/ United Assurance公司，除此之外，如果顺利的话，Landround这家小型旅游推广公司将会被另类投资市场所收购。

选择被收购的目标并不是件容易的工作。金融服务、制药和电子通信行业仍旧是合并的重点区域。

我同时认为百货商店、休闲俱乐部、汽车经销商、小型旅馆和资产公司的股票价格应该能够代表净资产的折现情况。

现在有关所有权的收购案例越发少了，鉴于市场上出现了越来越多的家族企业，他们的后代将带领企业走向前方。

此类公司的主要活动是家族企业通过收购股票的方式来将公司私有化，此时，他们向股东支付的价格要远低于第三方的收购价格。

然而，应该注意的是，家族企业容易出现公司后继无人和某阶段合约缔结等问题。

在寻找完美的被收购机会时，应该寻找那些被大型的或实力强大的集团所支撑的部门，在那里发掘小型的经营良好的公司企业。比如 Border TV 这样的企业就可以为投资者换取获得高额利润的机遇。

——摘自 2000 年 5 月 13 日《金融时报》

投资提示：

本文写于 2000 年，我所说的"在最近我的投资组合获得了三四笔良好的投资"就是指该年。然而最近收购和并购活动的速度开始明显地减慢了。现在大约每年会出现一笔比较大的投资，购买者更应该谨慎而专注地运用自己的投资资源。

我最大的痛处是太快地卖出世界知名的船舶经纪商克拉克森公司的股票（详情请参看下文）。

捕捉获利机会

在临近凯尔索的特威德进行的年度三文鱼垂钓之旅中，我有许多机会来放松自己并思考之前的投资策略。尽管今年的投资池中又出现了许多新鱼，但是值得与别人分享的投资想法却为数不多。

鉴于我的投资类型属于小型资本市场中的价值型股票，缺乏新的投资想法也在情理之中。对我而言，选择股票都应经历一段较久的时间。

而我的主要股票投资对象是那些具有长期增长潜力的资本型和收入型股票。我从未考虑对股票进行年度表现比较，尽管组合的近期表现是非常令人满意的。

现在，我不太愿意再为了获取主要投资组合中的利润而支付资本所得税。但是对于某些无税的个人股票计划和个人储蓄账户股票，我通常会在公司股票反常地在短期内达到峰值或达到不均衡的高额状态时卖出它们。

在股票不断上涨时做出决策是相对困难的。最经典的例子便是世界知名的轮船经纪商——克拉克森。轮船行业一直以来都属于典型的周期性行业，公司的收入也随之变动，但是企业绝对会保持强健的现金流，并按时支付红利。

我在2002年11月以149便士的价格购买了该公司股票，此时的回报率居然达到了10%。我在下一年分别以170便士和228便士的价格再次购买该股票。此时投资者会惊奇地发现，在中国经济增长的帮助下，股票正以惊人的速度增长，而克拉克森公司应该是在中国浪潮中最好也是最安全的代表性选择。

股价不断攀升，并最终达到了5英镑。在此期间，我一直反复问自己这个问题——这样的情况到底能维持多久。我一直在以下二者之间不停地纠结：到底应该见好就收地获取现在已有的投资收益呢，还是坚持我那让利润不停增长下去的基本投资原则？

最终，我决定在利润已经上涨了原值 1/5 的情况下，在 2003 年 1 月以 488 便士的价格将我手中所持有股票的 1/5 悉数卖出，我不停地告诫自己，股价是不可能持续增长的。但是就在我还没来得及喘一口气时，在还未再次卖出克拉克森之前，股价就再次飙升到了 550 便士，收益率变为 3%，为此，我懊恼不已，赶紧驱车赶往苏格兰地区。

现在的货运价格仍旧保持高水平，该公司的年度财务报表数据也表明公司在完美地运营着。另外，最近该公司所订立的合约的年限持续期很久，也表明公司将会在未来十几年中保持高收入水平。与此相反，许多投资者在获取大笔高额利润时也担忧着中国经济会不会突然下滑而导致货物运价突然下降。

最终，我内心小心谨慎的本能战胜了其他，我提前打给我的经纪人告诉他再卖出 1/5 的股票，最终以 550 便士的价格成交。马德里的爆炸事件发生后，使该周周末 Clarkson 的股票价格一路飙升至 5 英镑之上，该周的报道使得克拉克森公司的利润几乎翻了 3 倍，并且使股价固定在该标准之上，但在此之后，股票价格应该不会再次升高至现在的 3 倍了。

我在这一周的钓鱼中收获了 71 磅的鱼类，尽管在环境法案的监督下我不得不将它们重新放回河里，我也因此获得了一件特威德协会的汗衫——这应该是我所买的所有衣服中最贵的一件了。我在这周的投资活动也同钓鱼一样，在积极寻找具有流动性的再投资项目。但是，现在股价较低的股票就像是稀有的三文鱼一样，很难再被找到。

——摘自 2004 年 4 月 3 日《金融时报》

投资提示：

这是一个典型的过快售卖公司股票的例子。我以 149 便士的价格购买了克拉克森股票，如果我不去动它的话，它绝对属于暴涨股。在 2004 年时，我写道："在此之后的股票价格应该不会再升高至现在的 3 倍了。"现在看来，我当时的断言是虚妄之词，现在该公司的股票已经接近 20 英镑了。

我在 2002 年发现了这只股票，并在其收益率为 10% 的情况下以 149 便士的价格购买了该股票。我还曾经拜访过这家古老且历史悠久的船舶服务公司的总部，并与当时的财务部门管理人进行了相关的谈话，以加深对该公司的了解。之后，我还同该公司的主席蒂姆·哈里斯（Tim Harris）建立了良好的联系，并在之后的数年与他进行了另外几次良好的谈话。他当时也是海运服务公司费希尔的主席，我将会在第 8 章中重点介绍费希尔公司。在 2003 年，我对这家公司充满了信心，分别进行了 8 次独立的股票购买行为，共持有该公司股票 50 000 股。

蒂姆以前经常提醒我轮船行业的周期性。因此，我在巨额利润面前往往抵御不了诱惑，分别在 2004 年的 485 便士的价格和 2009 年的 1 030 便士的价格之间，缓慢地将所有的股票分别卖出去。我曾在 2004 年《金融时报》的一篇文章中，就其当时股票价格高于 5 英镑的情形武断地写道："并且使股价固定在该标准之上，但在此之后股票价格应该不会再次升高至现在的 3 倍了。"然而 10 年之后，克拉克森公司的股票价格接近 20 英镑。

> 将时间放入等式中，这也是我投资中的关键基石。

希望现在读者应该能够理解我为什么一直请求你们要保持耐心，将时间放入等式中，这也是我投资中的关键基石。尽管轮船业确实具有周期性，但我现在还未彻底了解轮船行业的增长规律，最起码现有的预测继续表明轮船业仍然有长期增长的潜力。

可以避免的失败

现在，我们将注意力转移到那些我有所损失的个人股票问题上。投资者可以从我的这些失误中学到新的教训，而如果遵循我之前的原则，这些失误都可以有效地避免。

这些失误可以分为4个主要类别：

1. 某些公司的股票的损失是由公司管理层或市场失误所带来的，我可能高估了个人的能力；
2. 由于我没有留心公司的警示牌而失败的公司股票；
3. 某些公司股票已明显地呈现出下滑趋势，而我却坐视不管，因而错失良机；
4. 我失去耐心或者自作聪明地购买某公司股票。

我将以下公司放入第一类中：利兹珠宝制造商 Abbeycrest（参见"珠宝企业股票还需要新的光辉"）、公司服饰专家 Wensum（参见"舒适合体的剪裁方式"）、环保服务公司 Fountains 和为欧洲制造颜料的西北颜料公司等。所有这些案例都属于我对它们充满信心，但它们却最终辜负了我的信任。它们本应该可以做得更好或者更快地适应变化的市场环境的。

珠宝企业股票还需要新的光辉

约翰·李在 Abbeycrest 一系列熠熠生辉的珠宝产品系列背后，发现了其光明的前景。

近几年来，我一直在利兹寻找新的投资机遇。Bray Technology 以一个很好的价格被收购，并且以该城市为根基不断发展的 Town Centre 保险公司也显示出 40% 的增值。

我抱着准备谱写新的历史篇章的希望出席了珠宝制造商和经销商Abbeycrest的年会。

在此之前，我已经依据该公司良好的财务情况和受媒体喜爱的公司评论购买了一部分该公司的股票，但我还是想要亲自去调查研究一下，以待后续的投资。

该年会是在公司审计师亚瑟·安德森（Arthur Andersen）位于市中心的办公室举行的，会议场所朴实无华。而Abbeycrest的一位非执行董事也明智地去度假而不来参加该次年会。除了公司董事会的一位主要成员未出席年会之外，一切似乎都还不错。

我惊讶地发现，公司董事局主席兼首席执行官的迈克尔·利弗（Michael Lever），自1979年他的另一位合伙人去世后，就开始独自打理生意。20年后，他的个人公司的营业额为7 000万英镑，税前利润为500万英镑，他的个人股份价值600万英镑，很显然利弗先生作为曾经的牙医，做出了一生当中非常明智的选择。

当时，利弗和他的团队坚信他们只是刚刚开始踏上将公司打造成一家更大的跨国公司的道路。尽管该公司85%的主要营业额是在英国商业街内由Signet、Goldsmiths、德本汉姆和私人零售商完成的，但其在美国、欧洲大陆地区以及美国的超市集团沃尔玛公司（现在已经是主要顾客了）的销售额也在不断增长。

过去一年中，该公司主要忙于利用泰国和中国香港的生产能力，并收购了狄塞德地区的一家手链和脚镯制造商。

不断提高的生产量使公司的员工人数从362个增加到了573个的事实，都表明Abbeycrest公司将会在不断发展中拥有更多的生产能力。利弗希望这将会使管理层拥有更强的控制能力，为顾客提供更好的服务并提升边际盈利能力。

管理层一直非常留心公司的现金流情况以及最终的盈利能力。因此，即使在这么大规模的扩张之后，该公司的资金杠杆率也并未显现出任何问题，股价在有着坚实的资产做后盾的情况下，也一直保持在115便士的水平。

尽管集团处在一个五光十色、熠熠生辉的珠宝世界中，利弗是一位谦虚、谨慎又具有雄心壮志的人。他的这种态度也在很大程度上打动了机构投资者，包括英国保诚集团、英国法通保险公司、爱马仕和皇家太阳联合保险集团在内的公司都有投资的意向。这些机构投资者大约拥有该公司一半的股票。

所有的这些都使得这家公司成为一家极具吸引力的企业。珠宝企业正在呈上升趋势且极具影响力，属于不断成长的行业，而Abbeycrest公司想要成为该行业的翘楚。近几年它的利润都在不断增长，尽管它们还未突破在20世纪90年代所达到过的680万英镑的峰值。

股票的潜在市盈率接近7，且股利的回报率在近几年已经变为之前的3倍，因此在回家的路上我就电话联系了我的经纪人，让他将该股票加入到我的投资组合中。

我希望在来年的年会情况会更好，也不希望下一年年会，我是唯一一个出席年会的股东。

——摘自2004年4月3日《金融时报》

投资提示：

我只能总结说，珠宝制造商Abbeycrest公司的失败完全源于其管理失误，这是我唯一能为近期该公司股价下滑找出的原因。我可能应该再早一点退出该项目，但是作为机构投资者的英国保诚集团、英国法通保险公司、爱马仕和皇家太阳联合保险集团也错误地估计了该公司的形势。不过，如果我坚持遵循之前的20%的损失原则的话，那么我的损失又能够降低不少。

舒适合体的剪裁方式

约翰·李发现服装公司 Wensum 是一家令人惊艳的服装制造公司。

作为在 40 年中积极投资且具备会计资格证书的专业人士，我只需要几分钟就可以依据一个公司的财务报表和相关报告来预测它的未来。

经验丰富的人总是知道应该寻找什么：寻找关键的账目和数字信息，并了解某句关键话语背后的含义。

但是，并不是每一次我都能够得到正确的结论，毕竟投资并不是一件简单的事，但是在投资之前详细地检查一遍关键信息，有助于将投资损失降至最低。

拿在诺里奇经营的 Wensum 的案例来说，它是我近期才购买其股票的公司之一，下面我将详细叙述为什么我对这家公司印象良好，并愿意购买它。

我首先问了 10 个问题，并用从 0~10 的标准开始打分，问题的范围包括贸易/活动、利润记录、股利回报率及相关问题、支持型资产、现金/借贷、股东的持股情况、机构持股情况、市盈率、专业咨询师和行动管理人员以及公司乐观者/经纪人的预测。

在 Wensum 这个例子中，为了更加明了，我将各个领域的问题分区域作答，并将其中打分一致的问题挑选出来。其中有 3 个领域的打分都是 7 分，它们是贸易/活动、支持型资产和现金/借贷。

尽管男人定制服装以及职业装（Wensum 在生产旅游/娱乐、职业套装行业中位列第一名，向 Virgin 这样的企业提供服装）并不像互联网行业那样具有增长潜力，但是从该公司的经营规模和相关记录来看，它有进一步发展的潜力。

从支持型资产方面来看，跟 680 万英镑的市场化资本相比较，股东基金就达到 460 万英镑。从现金/借贷方面来看，Wensum 公司的金融决策相对保守，年末公司仍然拥有足够的现金流。

有两个领域的打分都达到 8 分：盈利记录和专业咨询师 / 行政管理人员。Wensum 每年的每股收入都呈现持续增长的状态，从 1995 年的每股 9.14 便士增长到 1999 年的每股 14.24 便士。公司中只有一位行政管理者，该公司的审计师事务所是安永，律师事务所是诶威赛斯，经纪人是威廉斯·D·布罗（Williams de Broe），这都给我带来些许安慰。

而打分最高的领域是鼓励回报率及相关问题方面，达到 9 分（所有的回报率几乎翻了 3 倍，达到 6%）。机构持股的分值也达到 9 分（其中风险投资人 3i 集团持股量达到 15.9%）。

Wensum 在公司乐观者 / 经纪人的预测方面也达到了 9 分："所有的部门都拿到了相应的订单，开端良好。"经纪人预测该公司在 2000 年 1 月的利润将会从 154 万英镑上涨到 173 万英镑。

最后得分达到 10 的两个领域为董事会股东持股情况以及市盈率。Wensum 公司的管理层大约拥有 45% 的股份，所以他们应该会为了公司的发展尽心尽力。

市盈率应该是 6，对于这样一个根基稳定 / 缓慢发展的企业来说还是挺令人满意的。

将所有的得分加到一起，我得出的总结论是公司在满分 100 的情况下可以得到 90 多分，这也是难能可贵的；当得分达到 80 多分时，表明该购买决策是挺诱人的；当得分达到 70 以上时表明该选择还可以接受，但最好还是可以选择别的选项，而 60 多分则表明没什么令人惊奇的，至于低于 60 分的选项完全可以放弃。

因此对于 Wensum 公司来说，只要在总分 100 分的情况下，总分达到 84 就可以考虑购买该公司股票了。

尽管该公司还属于一家小型上市公司，股票还缺乏流动性，但它还是可以为耐心的投资者提供持续的回报的。与此同时，当股利回报率高于 6% 时也可以考虑购买股票。

> 最终应注意的是，Wensum 公司的董事会仍旧认为："该公司的股价并没有彻底地反映该企业和该行业的潜在价值。"
>
> 这个观点也甚合我意，该公司的股票至少还应上涨 50%。
>
> ——摘自 1999 年 7 月 31 日《金融时报》

投资提示：

不幸的是由于该公司管理层的经营不善，我和其他股东的利益都遭受了股价下调的损失。有些丢人的是，我在 2006 年以 112 便士的价格购买了该股票并在两年之后以 12 便士的价格卖出该股票，老实来说这简直就是一场灾难。20% 的损失原则再次失去了其应发挥的效用。在上文中我引用了 Wensum 公司董事会关于"该公司的股价并没有彻底地反映该企业和该行业的潜在价值"的说法，因此，我估计在董事会不断增持本公司股票的情况下，他们应该损失了更多的金钱。

在第二类失败错误中，我因为没有发现警告信号而遭受了损失。这种错误只能怪我自己，拿软件系统公司贾斯明公司（参见《在贾斯明公司成功的情境中》一文）为例。我曾写道："自 1998 年以来，该公司就不停地更换其公司名、金融咨询公司、经纪人和审计公司，更不要提该公司不断撤换的管理层和行政人员了。该公司时任的财务总监是自公司创始以来的第 4 任了。"尽管我说贾斯明并不属于孤儿寡母型的投资，但还是显现出了警示的现象，我真的不应该在驳船撑杆时就伸手去购买该股票。因此，我现在的投资准则之中就有"董事会和顾问的稳定性"。

在贾斯明公司成功的情境中

总部坐落于诺丁汉的软件服务公司 Jasmin 被严密的保安系统所保护着。然而这些年中该系统被不断更换。自 1998 年以来,该公司就不停地更换其名称、金融咨询公司、经纪人和审计公司,更不要提该公司不断撤换的管理层和行政人员了。该公司时任的财务总监是自公司创始以来的第 4 任了。

这些暴露出的问题也是在我 1999 年对其进行少数投资后拜访该公司时一直困扰着我的问题——今年的年会究竟又由谁来主持呢?

贾斯明在 30 年前作为董事会主席创建了 Roger Plant 公司。他现在仍旧拥有该公司 1/3 的股权。Plant 公司一直以难以管理以及高标准而著称,后来贾斯明也承认他在成为该公司经营团队的这段时间里耗费了许多的精力。

而真正吸引我的是自 20 世纪 90 年代以来公司稳定的利润增长率。另外,该公司一直按照自己的计划,采取相对保守的方法不断前进。但是为了应对更加强大的竞争者,该公司几乎耗尽了全力,公司研发部门的支出也非常高。到 3 月营业额降低到 400 万英镑,造成 100 万英镑的损失。其中杠杆率占到其中的 56%。

贾斯明公司现在承认在资源有限的情况下,必须建立战略性的合作伙伴关系。它的一些商业伙伴仍对该公司充满信心,但真正对其起决定作用的还是研发交通控制系统的阿特金斯集团、以及主要研发新的智能卡读取器的马可尼通信公司。

Plant 现在已经发展成拥有以下潜力市场的领先者:伦敦地铁乘客信息的显示台、飞机场基本照明系统(鉴于贾斯明现在更喜欢同 BAA 合作开发闭路电视)和地方城市交通监控设施。这些领域都有望在未来提高他们在国民支出的份额,一些项目已经在投标承建中。

鉴于贾斯明公司正在同英国国防部合作开发生物和化学检测系统，相信它在防御系统中会大有作为。

在这次年会中，该公司又宣布签定了一项1 000万英镑的合约，即为国家公路局升级所有的高速公路应急电话。我的投资兴趣被再次激起。

因此，贾斯明公司绝对不是属于孤儿寡母型的投资，但是我的投资组合已经足够抵御1~2个希望股所带来的风险。

这个财务年度里，公司最好的情况就是达到盈亏平衡点，但之后贾斯明公司的前途无量。根据该公司经纪人 Old Mutual Securities 的预测，公司现在的股价140便士有望在未来的2002年以6倍的价格成交。它完全可以同其他比率达到50%以上的软件公司股票相媲美。

尽管现在的资本化水平仅仅是700万英镑，经纪人也认为该公司股票未来评级上升的潜力是无限巨大的，但是我还是需要更加谨慎，因为签署合约和获得盈利并成为强有力的竞争对手之间，还有很长的一段路要走。

贾斯明公司不能发展得过快，而且我更希望看到该公司拥有一个更加稳固的董事会。即使如此，我还是愿意将该公司放入我的投资组合中。我的直觉告诉我该公司的时代最终会到来。

——摘自2000年9月9日《金融时报》

投资提示：

尽管我认为贾斯明公司并不属于孤儿寡母型的投资，但是我应该具有更好的预测能力才对。在1998年和写这篇文章的2000年之间，该公司已经换了4任财务总监了，最蠢的投资者应该也已经发现该公司有异样的情况发生，而我却偏偏摔了个跟头。

至于 Aero Inventory 以及最近的 HMV 公司,我被它们两位数的收益率所诱惑,而忽视了最基本的东西。其中,Aero Inventory 公司应该拥有一个稳定的商业模型,拥有一系列航空公司的客户,但其负债率过高——这条也同我的投资准则相悖,事实上投资界对于高负债率的公司都给予较低的信用评级。然而直到今天,该公司的突然倒闭仍旧属于一个谜。

尽管 HMV 公司的债务水平也相当高,但它的情况则截然不同(详见图 7—1)。当然,我也知道如今人们更愿意从网络上下载音乐,而不是去购买它们。因而 HMV 公司的销售量在互联网的冲击下大大降低。但我还是傻傻地相信该公司的一些新兴科技产品能够弥补之前的不良记录,除此之外,HMV 还拥有现场演唱会直播这项服务,我认为该项服务能够为公司带来很好的收益。除此之外,我还希望该公司可以跟旗下店铺的业主进行更好的协商,降低店铺租金(这也是 HMV 的新任拥有者正在努力完成的事情)。我确实拜访过 HMV 的两家店铺。事实上,两家店铺看上去都并不那么繁忙,当时我就应该看到其中的不妥之处。然而,我还是义无反顾地跳进了这个大坑之中。在 2010 年 8 月,我以高于 60 便士的价格购买了该股票,并在当年的 12 月以 35 便士的价格卖出。这个教训十分惨痛,但是幸亏我早早出手,要不然会酿成更惨重的后果。

我应该从图 7—1 中得到警示。我最终以 35 便士的价格卖出了该股票,减少损失。然而如果我继续持有它们的话,我的投资组合中该股票将一文不值。

第三种类型属于放任股票增长过久,由于公司不景气而导致股票开始

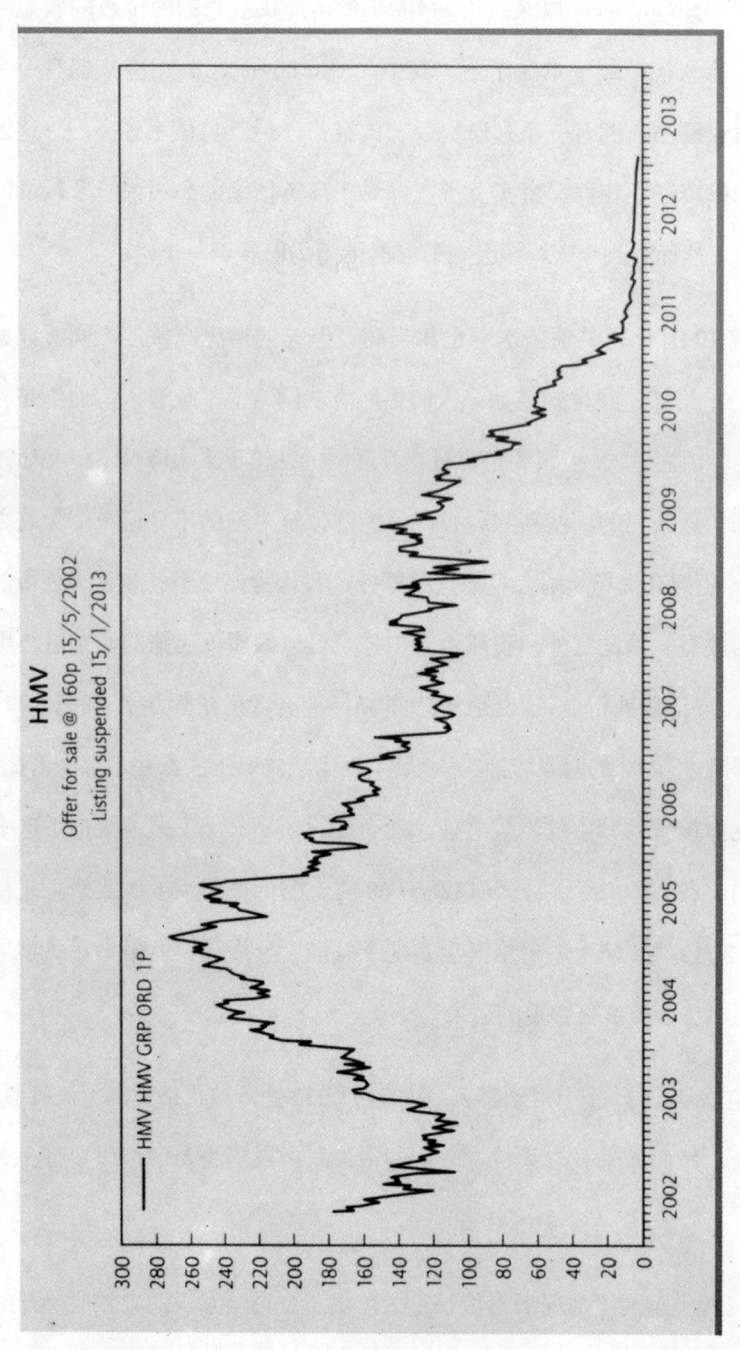

图 7—1 HMV 公司股价走势图

资料来源：Fidessa

不断下降，具体案例有打印机公司 Litho 和通风窗口专营公司布朗。在这两个案例中，我都没有成功地使用 20% 的损失投资原则，实际上这两家公司都拥有相对稳健的现金流，从而使我安心不少，但这并不妨碍该公司经历了一个稳定的损失过程。

第四类包括我需要等待企业价值回升的公司，如保险行业的投资者/风险投资公司 BP Marsh。在 2007 年，我以 140 便士的价格首次投资了该公司，在 2009 年末该公司的股价跌至 75 便士，在 2013 年其价值渐渐回升到 100 便士。

2008 年出现的次贷市场危机实际上向我们提供了一些极佳的购买机会，但这些机遇中并不

> 我认为组合中还应该有第五类的损失类型：纯粹的运气不佳。

包括汽车零售商彭德拉根（Pendragon）公司，在我买了该公司的股票后它就狂跌不止，而且还呈现继续下跌的趋势，因而我不得不将以 19.5 便士价格买进的股票又以 4.12 便士的价格卖出。

我认为组合中还应该有第五类损失类型，那就是纯粹的运气不佳。我从 1993 年到 1998 年一直通过报纸/期刊分销商道森公司的股票持续获利，当时我还未从事自 2001 年开始的组合投资事业，当时该公司的股利回报率大约为 7%~8%，属于相对安全的范围。问题是道森公司在 3 个行业分销商中都属于规模最小的，另外两个为史密斯新闻和 John Menzies。这 3 家都在竞争成为其他报纸和期刊发行人的经销商，不幸的是道森公司失去了相关合约并因此在很短的时间里就销声匿迹了。这对我和我的同事来说是一个

不小的打击，该公司大约只剩下一两家下属企业，其中包括一个图书馆供应商。

回顾一下，道森应该同 Menzies 合并，这样就可以同史密斯新闻相竞争，当然这也属于相对有远见的决策，并未成形。于是我在公司倒闭之前就失去了之前陆续获得的所有利润。最终，道森公司的"残骸"被史密斯新闻所收购。我唯一值得欣慰的是，我在 2011 年购买了史密斯新闻公司的股票，当时的收益率接近两位数，之后数年中，我的钱几乎在无税个人储蓄账户的情况下翻了两番。

第8章

我的投资成功之处

HOW TO MAKE A MILLION - SLOWLY

My Guiding Principles from a Lifetime of Successful Investing

个人股票计划/个人储蓄账户

  本章包含了个人股票计划/个人储蓄账户和收购,因为我大多数成功都来源于收购活动以及那些免于缴纳的资本所得税(即个人股票计划/个人储蓄账户),因此,我的成功投资与上述问题有着明显的内在关系。我在 2003 年 12 月《金融时报》的文章中提到自己是怎么成为个人股票计划/个人储蓄账户的百万富翁——"我如何用 126 200 英镑赚到了 100 万英镑",本章的末尾处提到了该问题,并附有相关问题链接——我如何才能做到他所做到的事情。本章按时间顺序总结了我最近的成功之处,并列举了一系列使我成功的股票。

  前面我曾详细叙述了当我本金较小时的一些初始投资活动。在 20 世纪 60 年代末期,当我的资源稍微变得充足后,我便将在 Brock Alarms 市场的投资变为之前的两倍,获得长期利润 217 英镑(当时,长期资本所得税收和短期资本所得税收之间有明显的差别,我希望今天的税收标准也同当时一样）。同时，我还在沃克证券公司（Slater Walker）股票上投资了177英镑，并从 Amos Hinton 公司获得短期利润58英镑。

到20世纪70年代，我已经投资了许多资金于股票上：从投资7 000英镑的度假村珀汀斯上获利400英镑；从投资4 400英镑的 British Vita 上面获利1 230英镑；并且我投资的汽车护理产品 Holt Lloyd 公司的股票价格翻了一番，当时是以6 300英镑买入的。在1976年~1977年间，我第一次投资于海外交易者卡森氏以及西北地区的合约商/发展商波钦公司。我已在第四章分别提到了这两家公司。现在我仍旧持有这两家公司的股票。

收购的成功

该领域也见证了2个收购成功的案例：在经历了培生公司和联合电视公司的艰难困苦之后，我于1978年从投资10 000英镑的 Madame Tussads 公司上获得了25%的盈利；同年，我还从烘烤面粉及食品专营公司 Goldrei Foucard 公司的投资上获得了超过100%的盈利。在该公司的例子上，我大部分靠的是运气：在1978年6月购买了这家公司的股票之后，我就去实地考察了这家由家族掌控、位于伦敦郊区的公司，结果发现该公司缺乏家族继承人，不久之后的10月份，该公司就宣布接受其他公司的收购要约。

该案例属于早期家族企业转让所有权的案例。近几十年来，一些其他的类似公司也被出售，家族成员们突然由于这样或其他原因将手中持有的股份卖出或实现股票价值。通常若家族成员们失去了对家族企业的行政管理能力后，他们倾向于卖出股票实现资本的价值，去从事别的事业——或购买更好的房子、牧场和游艇，而不是等待每年的股票分红。这也无可厚非，毕竟每个人都有自己的生活。

我经过数年的经营和积累，从以下这三大家族控股公司的股票中获得了持续的盈利，1985 年被 MK 电气公司收购的、斯托克伯特地区的编钟制造商 Friedland Doggart，2001 年被美国索尔顿公司收购的小型电气设备公司 Pifco 以及在 2006 年被法国电气集团施耐德收购的灯具／开关／电缆制造商 GET 公司。下面两篇文章中将会更加详细地介绍 Pifco 公司和 GET 公司被收购的故事。

多年对 Pifco 公司的耐心等待终于得以回报
索尔顿集团以 5 000 万英镑收购该公司，使约翰·李长期的耐心有所回报

尽管电气设备制造商 Pifco 公司被美国的索尔顿集团以 5 000 万英镑的价格所收购这件事，使得我的荷包满满，但是想到我将与这家公司结束这段长期的投资关系时，我心里还是依依不舍，有些许难过。

Pifco 公司属于那种让我特别有安全感的公司，可以安心地将储蓄投资到该公司的股票。该公司由家族成员牢牢地控制着，从管理层面到股权控制方面皆是如此，它的决策也相对保守。

许多这种类型的公司的普遍特点是拥有充足的现金流。每年的股票红利都以稳定的速度在增长，公司的企业价值也不断地增长。但是，该公司在股票市场的资本化过程的速度显然要低于上述方面，其知名度较低，市场流动性也不高，因而优秀的基金经理们往往将该股票放于无进取型股票的分类中。

我在 1976 年购买了 Pifco 公司的股票，并在之后的 4 年中不断地获得收益。它也属于我在 1987 年 10 月进行的第一笔个人股票计划投资，是我在经过深入调查之后发现 Midland Bank Trust 并不是那么可靠之后第一笔"自我选择"的股票。

我现在投资组合中近一半的股票都属于长期积累下的，平均来看大多都是在 20 世纪 90 年代末购买的。

我一直十分关注有关我投资的结果公示、电话讨论以及周年大会的出席问题——有时候我是其中的唯一出席者。

Pifco 公司所做出的最精妙的决策是收购了当时亏损的公司领豪，并迅速将其规模扩大了一倍。然而，它也身处小型公司的典型困境中，有时小公司要么去收购其他公司，要么等着被其他公司所收购，特别是当公司缺少家族继任者时更是如此。

日本建伍公司已经被 Pifco 公司观察许久了，但是最终 Pifco 公司决定还是不要去过度扩张，最终日本建伍公司被拍卖给另一家意大利公司。

2000 年，我在《金融时报》专栏中发表题为《不受欢迎、不被需要又被低估的公司》一文之前考察了该公司，因此，我在 Pifco 公司股价为 135 便士的时候在文章中写道："Pifco 公司绝对比现在 2 400 万英镑的资本化价值要高。我对于咨询公司究竟会对该公司给予多高的估值这一点非常感兴趣，其本身价值不提，该公司在年末的现金流就达到大约 1 200 万英镑。"

在 2001 年初时，随着价值投资者将其对该公司的持股份额提高到 7%，股票价格也开始上涨；到了 4 月份，该公司对外宣布股票价格有可能以高于 2 英镑的价格被收购。

我一直相信 Pifco 公司的价值应该是在 2~3 英镑，因此，我对于 276 便士的价格感到十分开心。但是，这个价格并不属于最终价格，毕竟如果出现第三方加入到收购战时，价格有可能更高。所以我在270便士的价格时又购进一些股票，毕竟该公司股票并没有下降的趋势。

当媒体评论称该公司的交易已经接近完成时——接近54%的股票不可撤销地被接收时，实际上从官方记录来看，当时只有20%的股票不可撤销地被接收，天平还是有可能倾斜的，只要当时有别的收购者以高于10%的价格收购其他股票。

不幸的是，并没有其他公司愿意收购这家公司，所以我在276便士的价格时卖出所有股票。我从这一股票上的盈利率达到150%，因此，我在结束了这一主要持股投资之后，在新的一年中同我的伙伴税务局一起开始了新的投资征程。

当然我也可以贷款来购买股票，但我更喜欢用现金来缴纳税收，当时，我所有的股份中的1/3由个人股票计划持有，因此，这部分可以不用缴纳资本所得税。但是，外面还有类似Pifco公司这样的股票可以购买，所以我又在股票市场上开始了新的征程。

——摘自2001年5月26日《金融时报》

投资提示：

我早期关于Pifco公司的文章（《不受欢迎、不被需要又被低估的公司》）更多地关注于其价值和潜力的被低估。因此，在本文中，我更加关注的是该公司被美国的索尔顿集团所收购的过程，以及它给我带来的极丰厚利润的过程。然而，我自从20世纪80年代中期就开始持有该公司的股票，该案例再一次证明了耐心会有所回报的理论。

耐心等待游戏的结尾

在这些年中，我通过收购获得许多利润，有些还属于管理收购。也是通过这些收购行为，我不得不和之前的投资活动说再见了，有时候这就像同老朋友说再见一样令人伤感。

据我估计，在超过 40 种小型资本市场的股票中，其中超过 80% 的股票将会在 10 年内销声匿迹，大约 50% 的股票在 5 年内就会销声匿迹。但是，许多人预计这些小型资本股票在未来能够独立成长为中型股票。然而，在越来越多的大型企业朝国际化方向发展时，由家族企业所掌控的企业尽管一直在努力增加自己已经被资本化的个人财富，但是在其管理不受推崇或公司企业价值被低估的情况下，家族企业往往缺少继承人时，收购活动会应运而生。

从我个人的经验来看，家族企业实现最大化利润（或者获得最大化市场价格溢价）的方式就是将其手中的控股公司卖掉。而要约价格最低的则是对管理团队的收购，此时股东所能得到的补偿价格仅比市场价格稍高一点，从而给收购团队及其投资者无限的上升管理空间。

对我来说，在 9 月 11 日所属的这一周真是忙乱无比啊：周一，灯具/开关/电缆制造商 GET 公司宣布被法国电气集团施耐德收购，当时的要约价格为 260 便士，其价格比当时的市场价格要高 73%；这周中间的时间，当时的保险经纪人 Windsor 的管理层正在考虑以高于市价 18%——52.4 便士的要约价收购该公司；周五，Friday Brotrace 这家生产食物、饮料和防御部门污染探测设备的公司的股票价格上涨了 20%，特别是在该公司宣布已经接受了几个其他机构的收购初步要约价格之后。

我和 Get 公司的关系还要追溯到 2001 年 5 月，我在拜访了它位于的英国中部地区最大的经销仓库之后，以 157 便士的价格第一次购买了它们的股票，我也是在那时结识了该公司的主席约翰·约瑟夫（John Joseph）和财务总监迈克尔·科恩。我在股价位于 117 便士~203 便士期间的这段时间里又几次购买了他们的股票。我认为该公司属于稳健经营的企业，能够为我提供不断上涨的利润和红利。这种好局面一直持续到 2005 年，由于受 DIY

部门的不良影响，高股价开始下降，且红利下降了 50%。尽管对此我感到非常地生气与愤怒，相信此事有可能严重影响到投资者的信心，但我仍旧对其充满了信心，在股价都已经下降到 100 便士以下时又继续购买它更多的份额，后又以 115 便士的价格继续购买了它的股票。

不幸的是，该公司股票在 2006 年 3 月被转移到更低级的股票交易所另类投资市场之中，该事件使我之前的投资决策损失更大，我不得不以 103 便士的价格"赎买"之前的股票（另类投资市场中的股票不能在个人股票计划或个人储蓄账户中同时持有）。因此，我不得不面对 260 便士的负债。

我在 2002 年 1 月开始购买 Windsor 公司的股票，我在公司的年度大会上和他们公司的主席大卫·罗（David Low）见面之后，便先后在 22~43 便士价格区间进行了 15 次股票购买，大多都是在我的个人股票计划和个人储蓄账户中。在 2003 年和 2005 年又分别以 39 便士和 56 便士的价格卖出。早年间的盈利、股利和股价缓慢增长，但近年来公司的表现相对平庸，使得价格仍旧保持在相对稳定的水平，市盈率仍旧为个位数。

令我不敢相信的是，罗及从事专业咨询的收购团队居然在仔细审核该公司的财务背景之后，将该公司的收购股价定在 52.5 便士。该收购价格很容易被其他交易者达到。

我在今年新找到的购买目标是组合中唯一的威尔士公司英国国际生物追溯公司（Biotrace），我在 87~97.5 便士的价格间进行了 13 次购买，当然这都是在个人股票投资计划/个人储蓄账户之中。我曾经评论该公司为明显被低估的公司，3M 公司也同意该观点。本周，一家多元化经营的科技公司宣布将出价 130 便士收购英国国际生物追溯公司，该结果很令人欣喜，但只要出现别的投资者，那这就不是最终的结果。

> 这周的活动精彩纷呈，但是其中的投资原理却非常明显：以合适的价格购买基础稳固的盈利公司，并在等式中加入时间，耐心等待，最终价值总会实现的。

投资提示：

  这里我再次描绘了 GET 公司和英国国际生物追溯公司被收购的过程，以及 Windsor 管理层被收购的过程，我想再次强调文中末尾的结束语："但是其中的投资原理却非常明显：以合适的价格购买基础稳固的盈利公司，并在等式中加入时间，耐心等待，最终价值总会实现的。"

  我在本章余下部分将介绍更多有关收购的部分，包括收购是怎样开始的，从投资的角度来看这些收购活动的优点和缺点。

  在 20 世纪 80 年代，我投资的成功次数要远比失败的要多：纺织集团科茨佩顿斯公司（Coats Patons）、香烟制造商乐富门（依据投资原则，我今天是绝对不会购买烟草公司的股份的）。我都是在市盈率为个位数、股利丰厚、盈利达到 10 000 英镑时购买这两家公司股票的；旅社/旅馆公司罗顿（Rowton）几乎翻了一倍，而我通过在 1981 年和 1987 年卖出卡森氏公司的股票共获得 25 000 英镑的利润。

  我就是通过上述这些盈利成功地建立起现在的投资组合。房地产公司特拉福德公园地产是我最初选取的目标之一。就像它的名字所昭示的一样，该公司在临近曼彻斯特大运河和紧挨曼联的老特拉福德球厂（TPE 卖出了一部分土地给足球俱乐部，以便俱乐部扩张现有区域）的曼彻斯特特拉福德公园商业区中，拥有一系列房产、土地、铁路轨道等资产。该公司的运营策略相对保守，股票价格也并未体现其所拥有资产的价值，公司中缺乏控制型大股东，但是我坚信 TPE 公司的股票终有一天会体现其本身价值。

我在 1990 年以 62 便士的价格购买其股票，并在 1990 年~1996 年间先后在 41~116 便士的价格区间，分 11 次购买了该股票，有些股票是在个人股票计划中购买的。我在过去一直关注并收集着该公司的所有信息，参加其所有的年会。出于某些原因，我在 1997 年在 140~168 便士价格区间卖出了它的一部分股票。在一年后的 1998 年，该公司终于出现了被收购的信息，爱尔兰房地产公司格林（Green）宣布以 190 便士的价格进行收购。不幸的是并未出现其他的收购者，如果你期待价格暴涨，最好的方式就是出现一场异常激烈的收购战，但是现在第一家公司收购就成功了。我获得了有史以来最大的一笔盈利——达到六位数。其中 2/3 需要缴税，而另外 1/3 可以不用。该案例所传达出的信息是："坚持自己的想法，不要轻易放弃自己精选的目标。"

> 坚持自己的想法，不要轻易地放弃自己精选的目标。

数年来，房地产公司的股票都给我带来了非常可观的收益，用来购买其他公司的股票并获得数次的成功。我曾与城里的数家房地产公司进行谈话，这其中包括 TPE、在利兹发展的齐夫家族房地产公司、当时 Merrion Centre 的所有者 Town Centre Securities。然而投资房地产股票有两条原则需要遵循：第一，永远在净资产折价时购买房地产公司的股票；第二，在等式中加入时间——要有耐心，这样你的轮船终究会回家的。

房地产股票给我提供了坚实的基础

我在 50 年前阅读《投资时讯》时，就注意到房地产的股票——该时讯有可能是由当年我父亲经常收到的咨询撰写者贝弗里奇所作。贝弗里奇先生在文中罗列了哈罗德·赛缪尔 Harold Samuel 的土地类债券的数个优点，我现在十分后悔当时没有购买一些这样的股票。

我第一笔房地产投资是对开发商 Edger Investments 的，该名字取自创始人爱德温·迈克阿尔帕（Edwin McAlpine）中的 ED 以及曾为律师的创始人杰拉尔德·格罗威（Gerald Glover）的 GER。我持股的时间并不是很长，但我现在还依然记得当时的投资额大约为 100 英镑，我只是忘记了当时的结果了。

在这几十年中，我已经购买并出售了许多房地产股票，并经历了数次的高低潮。通常，我只是关注那些拥有许多低估资产但发展缓慢的公司，我经常在家族经营式企业中发现这些股票。

我可能在这期间经历了 1~2 次的损失——在 1973 年~1974 年买进的 Warnford Estates 公司和 1991 年~1994 年的巴娄斯公司（Barlows）。随着通货膨胀和资产价值的不断升值，房地产股票的价格也在不断上涨。

今年将会举行弗雷什沃特家族公司 Daejan Holdings 公司上市第 50 周年纪念活动。在 1959 年，该公司的年报中宣布每股净资产价值为 29 便士。今天，该数字为 46.6 英镑，整整涨了 160 倍。不幸的是，我直到 2007 年才开始购买该公司的股票，当时的价格已经是每股 41 英镑了，之后一年的股价是 29 英镑，在之后到 2008 年变为 27.5 英镑。

同 Daejan 公司案例最相似的例子是西北建筑服务公司波钦，该公司这几年的发展都是依靠房地产事业的发展。我是在 1977 年开始投资该公司的，并在 1984 年之前不断买入该公司的股票，平均的买入（调整后）价格为 5 便士。到 2007 年该公司的股票价格超过了每股 4 英镑，我觉得该公司的股票已经达到了峰值状态，并在达到该峰值之前就已经做空了几次该公司的股票。在近期的旋流之中，该公司的股票股价不幸下降到 85 便士，尽管这样该股票也增长到了之前的 17 倍。

另一个明显的成功案例是商业地产公司特拉福德公园地产公司，我在 1990 年~1996 年期间，在价格水平保持 41~116 便士的价格区间内分 12 次购买了该公司的股票。公司最终在 1998 年被爱尔兰公司格林房地产集团以每股 190 便士的价格收购。

另外一些小的成功案例包括 1996 年购买伦敦商业集团的股票（之后改名为 Workspace）、于 2000 年开发特拉福德中心地区的皮尔控股公司、2001 年 Headway 的拥有者约克郡小型商业房地产公司（我对该公司印象深刻是因为哈利法克斯网站的单一搜索系统，每次只能通过一种方法搜索其网站）以及伦敦 Landlord Estates 和 2004 年的 Agency Holdings。

然而，齐夫家族在利兹建立的 Town Centre Securities 公司应该是我永远的悠悠球。我在 1999 年以 64 便士的价格购买股票，已获得更好的收益率和资产折现。在此之后，该公司通过巧妙的经营——包括回购其一半的股票，该公司的资产净值稳健增长，在 2007 年该公司的股价增值为 653 便士。我以 595 便士的价格卖出。银行/房地产危机使得股价再次狂跌。我在 2009 年 2 月以 60 便士的价格又买进了一些，并在 9 月将其中的 3/4 以 182 便士的价格卖出，股价增长到了原来的 3 倍。

今天，我还持有一些房地产股票，Daejan、McKay、波钦、Primary Health、Sovereign Reversions、Stewart&Wight 和 Town Centre。我都视这些股票为长线投资组合。

——摘自 2009 年 11 月 7 日《金融时报》

投资提示：

近几年来我都在股价合适时购进一些股票，并凭此获得了一些投机收益。但是我都是在净资产价值折现时购买这些股票的。我在第 4 章中详细记录了波钦公司的涨跌情况。

关于收购的更多事情

对于家族企业来说，当该企业缺乏继承人或该家族想要将财富变现时通常会出现收购活动。在无主要持股人的企业，即该公司中缺少对公司经营产生决定性影响的大股东时，也就不存在主要股东拒绝收购提案的可能，这种情况一般是一个规模稍大的公司去收购小型公司。大公司收购小公司的情况一般是在全球化的经营压力下，规模稍大的公司希望通过收购小公司的方式来消除令人烦恼的竞争对手，抑或是该公司希望通过直接收购别人公司的方式达到分散化经营的目标，增加新的收入增长途径，并采取收购已成形的公司来避省去开始创建新公司的麻烦。

有时候，公司管理者希望通过收购的方式来实现股东财富，有时他们则希望通过该方法兑现他们自己的股票或期权。有一些评论家认为收购活动市场会引起收购公司价值的下降，因为这些公司有可能为了收购的顺利进行而承担了过高的债务。然而可以确定的是，在自由资本市场中，收购活动仍会继续，它属于商业生命的一部分。我个人更喜欢公司保持独立性，并保持每年利润和股利完美的增长，而该情况有时也对国债利率适用。然而，收购活动可以为股东提供远远高于市场价格的数目，使其在短期内获得并实现收益。一些人批评某些公司的短利主义，但从我个人的经验来看，英国的金融机构应该是从更长远的目标来看待并进行投资，当然对冲基金及其类似机

> **在自由资本市场中，收购活动仍会继续，它属于商业生命的一部分。**

构确实更注重短期利润。

有句谚语是这样说的:"小型资本市场中的股票只有在两种情况下被正确定价的——一次是在首次公开发行的时候,另一次则是在最终被收购时。在其余的时间里,该公司的股价一定是被市场低估的,因此也给予市场投资者无限的投资机遇。"在这些年中,我作为被收购公司的股东经历了40多次收购活动,只有一小部分是以损失而告终的。应该只有两次,一次是大型资本市场中的大东环球,它属于大东电报公司的兄弟公司,最终被沃达丰公司所收购,解除了原有股东的悲惨境遇;而另一次则是为国际建筑部门提供专营仲裁/索赔服务的James R. Knowles公司,其最终被美国竞争者所收购。不幸的是我属于其非执行股东的一员。

但是,我们不能够下"所有的企业最终都会被收购"的妄言,不过一般来说,如果一家小型盈利企业能够为市场提供专门的产品或服务,特别是拥有一个被大众熟悉的品牌名称时,该公司就很有可能会在某个阶段吸引收购者的目光。这也是我喜欢小型资本市场的原因之一。

而对我来说盈利的收购活动包括:贾维斯酒店、Norscot Hotels、旅游与酒店餐饮行业的特拉斯特豪思弗特公司、柴郡全食超市、Joseph Stocks、THB和保险经纪商的Windsor。

带来一丝古典气息的 Windsor 公司

约翰·李在本文中解释了他如何在小公司的年报中发现一块金子的

像往常一样，我在《投资者参考》中查阅小公司的年报，以发现新的投资机会。这其中的 7 天连锁酒店很显然是一家洗钱公司，所以并未停留太长的时间；之后是一家安全技术和足球俱乐部的拥有者 Ninth Floor，，因此也排除在外；再然后是非洲造纸公司、电池生产商和玫瑰种植商 TZI 公司，也不符合要求。直到我发现了保险经纪商 Windsor。

我进一步查阅该公司的财务信息发现，该公司自 1997 年损失之后就一直处于利润稳步上升的状态，市盈率为 8，股利回报率也翻了两番，超过 5.5%，从总体情况来看，这是有利的投资选择。

在我了解到该公司的保险溢价自 "9·11" 事件之后也不断上涨，经纪人的股价也随之上涨的情况之后，我更加认为该公司股票被低估了，属于有趣的投资选择。

周末我在网上进一步搜索有关该公司的公告、管理者股份购买情况以及其他我投资记录中所需要的信息。我并未发现任何不利的信息，董事会主席和首席执行官大卫·罗的持股比例不断上升，且最终保持在 12% 的水平，该水平几乎等于 Abtrust 和 Jupiter 每人 6% 的股份加在一起的水平。

幸运的是，该公司在伦敦举办的年会正好是在星期三，当天中午我和威斯坦德公司有午餐约会，因此，我可以直接在午餐后去参加晚上的年会。

我在周一做出欲购买的决定，先试一试水，我第一件事就是打给我的经纪人，之后打给该公司的秘书。

"我想能够尽快得到你们公司年报的副本。你们的年度股东大会大约几点开始呢？"得到的回答是 10 点，尽管这个时间点对我来说并不是那么方便，但我还是出席了它的会议。

我决定进一步了解该公司的情况，并准备咨询任何知情的人。

这家公司的主营领域涉及体育、娱乐和专业保障。我发现我那经营旅游景点接待的朋友习惯购买这家公司的产品，并认为该公司的产品一流。但是，我认识的另一位基金经理认为它的管理团队在专业保障领域方面颇有建树，以至于会迫使 Windsor 公司在任何时候都会努力维护自身的实际利益。鉴于此，投资界认为该公司存在着某种不确定性。

我的年报在周四顺利邮到，当天下午在开往伦敦的火车上我仔细研究了一下。我从周三的电话中还知道年会的地点在 Greet Tower Street 的总部。

我在正式会议中一共问了两个问题：我问尽管手中拥有期权但被再次任命的财务总监是否考虑购买任何公司的股票时，其回答是不会。

当时的主席补充说财务总监正打算购买一套房子。接着我又问：专业保障领域的团队在期权行使之后是否还会继续在 Windsor 公司工作？其答案是：尽管很复杂但是不论如何他们都会继续在此工作。

我在之后的茶歇时间里同大卫·罗及其团队简单聊了一会儿，在此期间我感到公司进一步增长和发展的可能性不太大，但当时 22 便士的股价和 1 200 万英镑的资本化价值有可能还是被市场低估了。

我在下午之后才离开那里，为了等待午餐约会。我之后以稍高的价格将该公司加入到投资组合中。Windsor 现在有气无力地在组合中等待着在未来市场中实现价值。

投资提示：

此处我叙述了我是如何开始投资保险经纪商 Windsor 公司的：通过投资纪要了解到该公司，并通过其他途径进一步了解该公司。我通过出席年会进一步了解了该公司的信息。最终的收购为我带来了一些利润，但是犹如矿脉一样，收购活动是十分稀有的，毕竟董事会 / 管理层总是希望付出最低的价格来购买股份。

其他收购成功的项目包括大篷车公园的 Parkdean，建筑企业 Gibbs & Dandy，Broadcastle，日立和金融机构 Wintrust，房地产公司 BenBailey，矿业公司布里敦（Breedon），以及在 2008 年次级贷款危机之前的房地产企业 Sovereign Reversions 和皮尔控股公司，保险业的 Refuge 以及园艺中心集团 Wyevale。

交换投资信息

Capital Pub 在近期属于相对成功的投资案例，该公司的盈利率特别高。我第一次听说它是在参加某个投资晚宴俱乐部的一次晚宴上。我当时正在运作一个小型的带有投机性的投资组合。我与参加晚宴的一些人讨论了投资概念，并一起在伦敦的赛马公会（Turf Club）用餐。当时是非常提倡个人加入投资俱乐部并成为其中固定一员的。

> 我们可以在共同利益的前提下交流投资想法，提出投资建议并相互评价。

我们可以在共同利益的前提下交流投资想法，提出投资建议并相互评价。

尽管一些投资者单独作战，并作出最终的投资决策，但大多数人和我一样都拥有一些投资界的朋友，并喜欢在吃饭时相互交流投资信息和想法。近些年来，一些私人投资者自发地组成了各种投资团体，比如 www.sharesoc.org，它拥有 3 000 名成员，大家可以相互发发牢骚；www.mellomeeting.co.uk 拥有 800 名成员，他们可以出席公司各种的日常展示会议。

据我所知，Capital Pub 打造了伦敦的一个连锁自由酒吧，它最近在更新菜品供应，并在伦敦最新的旅游季中受益颇多。它很像我喜欢的投资类型，值得进一步调查研究。我和它的董事会成员在 Ladbroke Arms Hostelry 共同用餐后，这个管理团队的专注和经验丰富给我留下了深刻的印象。

我在 2009 年 12 月以 70 便士的价格首次购买其股票，第二年又以 76 便士的价格再次购买。之后我一直十分关注该公司的发展，对我来说，该公司很明显会不断发展成为大型酒吧连锁企业，我可以进一步加持该公司股票。最终英国最大啤酒制造商格林王（Greene King）提出了对该公司的要约价。后来我以高于 230 便士的价格卖出了手中股票，并获得了将近六位数的利润。Capital Pub 公司属于投资市场股票，很遗憾我属于个人储蓄账户，并不符合这一资格。因此，我所获股票利润中的 28% 都流到了英国皇家税务和海关总署那里了。但是，我不应该因此而抱怨，Capital Pub 公司毕竟在短期内为我带来了丰厚的利润。

税收问题

现在我们将注意力转移到个人股票计划和个人储蓄账户的机遇之上，以及我如何阳光避税。我所加入的撒切尔政府在 1987 年引入了个人股票计划。个人被允许每年可投入一部分资产用于股票投资（在某些情况下有投资限制）。你可以选择将资金投入到新的股票之中（这也是我经常选择的），或者选择将已选的股票放入避税范围内。这对我来说是一个极佳的投资/储蓄机会。

> 这对我来说是一个极佳的投资/储蓄机会。

在接下来的 17 年中，我尽可能地将每年的最大所得都投入到其中，并将股利和反税收入重新投资。我所购买的股票要能够满足我的各种日常需求，但是依据股利的免税状态，我认为它们有更重要的作用。截至2003年12月，包括股利再投资在内，我一共在资本市场上投入了126 200英镑。我曾在《金融时报》专栏中提到，我所有的个人股票计划/个人储蓄账户投资组合的价值达到了100万英镑（劳动部门让个人储蓄账户代替个人股票计划，但从实质内容上来看二者是一致的）。我持有的股票包括卡森氏、S&U、尼克尔斯、恺利、佳士得、航空伙伴和Primary Health Properties，然而自从尼克尔斯和佳士得公司的股票从主要股市移到另类投资市场之后，我就不得不卖掉了这些股票。当然，自从个人储蓄账户也被允许投资另类投资市场的股票之后，我的投资组合中又再次加入了佳士得的股票。

我在2003年之后每年也继续投资于个人储蓄账户，但是最近由于我的个人储蓄账户投资组合不断增长，我已经放弃往其中再注入资本了。我的个人储蓄账户组合的经纪人由运营良好、声誉较高的传统老牌公司伯里公司（Bury）和大曼彻斯特地区的James Sharp公司担任。

我的基本投资原则

现在，我通过多种方法来讲述自己的个人故事都是为了传达这样一个明智的主要信息：一个稳固的投资组合需要在常识和基本投资准则的基础上，一砖一瓦地慢慢建立起来，而且最重要的是需要时间的灌溉。

我认为能够最好地揭示这个道理的方法，就是回顾一下我在2013年5月的投资组合情况，并将其同之前刚购买时的情况进行对比。下面这篇文章《我属于长期投资者》可以简单地归纳出一个中心思想——为什么我在经过数十年后将自己视作一位严肃的长期投资者。

我属于长期投资者的证据

对我来说，一个私人投资者所能做的事情就是购买一只股票，慢慢等待并希望其最终成长起来。交易者通常将股市当作一个短期停留的停车场，尽可能快地进出市场，真正的投资者是不会这么做的。

作为前一类人，我觉得有必要观察一下我的股票持有期。

首先，我们来回顾一下我现在持有数目较多的第一笔股票投资——于1976年购买的化妆品集团卡森氏的股票。

在1977年，我购买了西北地区的建筑服务/房地产发展商波钦公司的股票；在1994年，我又购买了短期贷款公司S&U公司的股票和制药经销商联合制药公司的股票。后面的表格揭示了我逐年购买的情况。

在这些年中我又加入了许多别的公司的股票头寸，但都是抱着长期投资的想法买入的。令人欣慰的是，包括某些投机股票在内的大多数股价都是朝盈利方向变化的，比如卡森氏、费希尔、尼克尔斯和芬纳的股价都是不断上升的。

波钦公司的股票就犹如过山车一般，在2007年增长到大约每股4英镑，而之后由于联营企业房地产开发的恐慌以及混凝土泵送业务的损失而突然下降到现在的23便士，幸好我在其下降之前已经卖出了一部分股票。

幸运的是，我持股较多的东大通信公司的股价终于开始回升了。

最近我并未对自己的投资组合进行大的变动，只是偶尔在股利正常浮动的情况下新加入一两只股票。我倾向于将股利再投资；在我的个人储蓄账户中包括了现有30只股票中的 14 只，所有的股利都被用于购买更多的股票。

我一般不将手中的所有股票悉数卖出，一部分原因是由于许多股票缺乏流动性，另一部分原因是我不愿意支付资本所得税（减去指数化负担大约为 28%）。但是，我总是不断增加手中的股票，上个月我又加持了一些航空伙伴公司的股票，为我带来了 6.5% 的年收益率和许多现金收入。

买入股票年历

1976: 卡森氏（PZC）

1977: 波钦（PCH）

1994: S&U（SUS）；
联合药品公司（UDG）

1999: 航空伙伴（AIP）；恩索尔（ESR）；
恃利（TET）

2000: 詹姆斯·费希尔（FSJ）

2002: 佳士德（CTG）；
尼科尔斯（NICL）

2003: Wynnstay（WYN）；Primary Health Properties（PHP）

2004: 古奇公司（GHH）

2005: Quarto（QRT）

2006: FW Thorpe（TFW）；
Delcam（DLC）

2007: 北桥芯片（NBI）；
Park Group（PKG）；
Daejan（DJAN）

2008: BBA（BBA）；芬纳（FENR）

2009: 英国并行技术公司（CNC）；
Dairy Crest（DCG）

2010: VP（VP）；东大通信（CWC）

2011: 史密斯新闻公司（NWS）；
Vianet（VNET）；
鲍佛比蒂公司（BBY）

2012: 查尔斯·泰勒（CTR）；
安彭利集团（ANP）

投资提示：

我一般都长期持有我的大多数股票，在其利润"爆炸"增长之前，这些股票会在我的投资组合中经历数年的时间。像卡森氏、费希尔、达尔康和芬纳这样的股票已经为我带来了相当可观的利润。然而，像查尔斯·泰勒、佳士德、英国并行技术公司和 Vianet 这样的股票，还需要耐心地等待利润的增长。

之前我已经提到过两个长期持有的股票卡森氏和波钦。卡森氏公司的股票是我投资组合中的核心内容，给我带来了无比的荣耀，其资本和收入都在不断的增长中。

所有分析者和评论家都会承认一件事，那就是股利和股利增长率的重要性，以及个人储蓄账户中股利再投资的重要性。不幸的是，波钦并不在我的个人储蓄账户组合中，因而我需要为该股利缴税。然而，现在我每年都能依据原有成本，得到大约接近38%的股利回报率。

另一个我在20世纪70年代投资的波钦的股票近年来却越发像一个问题儿童一样，其未来的投资前景充满了不确定性。最近它并不支付任何股利，价格也从峰值迅速下降。不过，即使是现在，它的价格也是原有投资成本的5倍，我在之前卖出的股票已经远高于我投资的成本。然而，在鼎盛时期，股票处于峰值状态时的价值100万英镑。但这都这只是过去。

我已经持有短期借贷公司S&U、爱尔兰/英国制药经销商和包装公司联合制药的股票接近20年了。我从前者的家族企业中盈利不少。我在1995年以290便士的价格购买了这家公司的股票，现在它的价格接近13英镑；后者的股价已经增长了六倍。

我已经持有恃利公司的股票接近14年的时间。我在1999年至2006年，在153~280便士的价格区间中分25次，主要通过我的个人股票计划/个人储蓄账户购买了该公司的股票。今天，在2013年8月，该公司的股价为630便士。我已经访问过该公司在圣埃德蒙兹伯里的基地两三次了，也数次同其前任主席雨果·鲍威尔（Hugo Bovill）以及管理层进行交流。它在美国试运营的分部现在的作用比英国的总部还要大。它的股价在数年中稳步增长。我一直认为恃利公司属于一家非常重要的企业,属于股市中特别的一部分。

我前面曾提到过海上服务公司费希尔,我多么希望我当时保留了全部这家公司的股份,等待其慢慢增长而不是分数次卖出,因为该公司绝对属于公司中成功的典范(详细内容可以参考下面的"等待新费希尔公司的进一步发展")。

等待新费希尔公司的进一步发展

约翰·李在本文中描述了一家正在进入利基市场的传统轮船公司是怎样吸引其投资注意力的。

我在今年假期间阅读了奈杰尔·沃森(Nigel Watson)所写的《穿过海岸线,越过海洋》(Around the coast and across the seas)。这本书详细讲述了轮船主詹姆斯·费希尔(James Fisher)充满魅力的人生故事。

费希尔公司成立于1847年,其通过坎布里亚郡的巴罗造船厂向外出口铁矿石而逐渐成长起来,并于1881年上市。

费希尔公司大力宣传其价值18 000英镑的新轮船,并吸引潜在投资者说:"我们马上就要再多加两只这样的轮船,如果你是我们的股东的话,我们很乐意将您的名字印在船上。"我很好奇今天的监管机构是否会允许这种策划书的存在。

我同该公司的首次接触是在20世纪70年代早期。当时我是曼彻斯特地区干船坞的经理,需要修理费希尔公司的一部分轮船。直到今年我才开始购买该公司的股票。

费希尔公司在许多方面都与众不同。它是英国最后一个给予市场股票报价的轮船厂商。依据新的吨位税收条例，费希尔公司在可预见的未来一段时间内股票税率只有5%。费希尔公司为保守党和工党提供了政治献金。

詹姆斯·费希尔
股价（单位：便士）

资料来源：汤姆森金融公司数据库

费希尔家族仍旧通过慈善基金拥有该公司25%的收益，但是公司的主要管理权还掌控在精明的苏格兰人大卫·科布（David Cobb）手中。大卫·科布在轮船业经验丰富。他从1994年开始接触该行业，并将经营方向从小型油轮和货轮运输业转移到更加盈利的利基市场中。

比如，在其电缆敷设船Nexus业务有良好的市场表现之后，该公司就购买了更多的轮船投入到了电缆敷设行业中，或者在克罗地亚共和国将其他轮船转换为货运船用于下一年初的运输。

费希尔公司在接下来的5年里都包租了美国世界通信公司的轮船，并受其美国商业集团的母公司通用动力（General Dynamics）的担保。

这些都代表了费希尔公司所做出的一系列重要投资，其4 000万英镑的支出几乎等于整个集团股票的市场价值，且同该公司7 000万英镑的净资产相比较更显得十分重要。费希尔公司有可能从全球通讯狂潮中获得大笔利润。

其他专业轮船有国防部所有的 RFA Oakleaf，以及滚装重吊船。

当然还有同凯莫尔·莱尔德（Cammell Laird）的合营企业，它们会提供潜水支援船。其他两艘费希尔的货船主要在英国核燃料公司和日本之间运输辐射燃料棒。

费希尔也从事有关北海石油和燃气制造设备方面的商业活动。这些属于水下服务部门的业务内容。

费希尔公司还在靠近切斯特的英国皇家空军西兰基地提供飞机维修服务，并在竞标中同英国比比科技（Bibby）和安德鲁威·尔结成联盟获得了国防部六艘滚式渡船20年的运营合约。

新的费希尔公司在大卫·科布的改革下不再作为一家海运公司而存在。当然转型是需要时间的。费希尔公司30艘轮船还是用于小型油轮和货轮运输业。尽管货轮运输业现在并不盈利了。

费希尔公司在1998年的税前利润由此前的870万英镑减至380万英镑，表明当年成本骤增，但是去年该公司的利润则增至620万英镑。股价的变化则反映了公司财富的变化，在1997年其股价达到峰值150便士，之后就不断下降，一直降到现在的63.5便士。

我由于各种原因决定继续投资。税率较低表明未来股利的增长空间还是很大的。在1999年该公司支出增长了16%，再之后在9月的中断期又增长了10%。

市盈率非常低，但也是预期市盈率的5倍，而且鉴于费希尔公司接下来的几年里还会再购买两艘电缆敷设船，该公司的利润还会再次上涨。

就算是考虑到未来由于石油价格上涨而造成的运输成本不断上升的问题，该公司的市盈率只上涨3倍的话，它的股价也不算太贵，且盈利率为5%。

> 在夏天的时候该公司的股价一度由于某些投机活动而增长到90便士。但在该情况下也十分适合某些像我这样的长期投资者进入市场进行投资。

投资提示：

现在海上服务公司费希尔在2000年的收益率和市盈率都是5%。这种程度的股票一般都是不会出什么问题的，但是公司快速增长外加某些特定的收购活动会使得该公司的股票价格飙升，使其变为飙升股。我在第7章中将该公司的股票视作失败的案例，实际上是言之过早了。

现在看来，在股票投资市场中独具投资眼光应该是一件非常重要的事。

我在2000年购买了费希尔公司股票，当时该公司也只是从事小型油轮运输，股价是78便士（当然它的股价多是在71便士和74便士之间徘徊，但大多数股票是在2000年3月以150便士的价格购买的。大家一般将轮船业视作相对古板的行业，这也是我的最初印象。事实上，即使公司由于轮船业的周期性其盈利在不停地变化着，该公司近年来也一直处于稳定增长的状态。然而，费希尔公司已经不再主要依靠轮船运输业盈利了，而是将其重点转移到了海上服务业，比如开发全球海底技术，以及一度在英国本土地区提供潜艇营救服务。费希尔公司通过不断的收购和整合，成功地发展成为今天这样的成功楷模。

令人惊讶的是，海运部门的其他上市公司似乎并没有采用费希尔公司的策略。当然，该公司的所有决策也并不都是正确的，比如早期开始的成缆船舶业务给该公司带来了较大的损失，但是之后的决策都还算正确。今天费希尔公司的股价都超过11英镑了，幸亏我早期就持有了该公司一大部分股票，现在其价值已经增长到之前的 14 倍，现在的股利回报率为 24%。

继购买尼克尔斯、卡森氏和悌利公司的股票之后，我持有的第四个主要股票是软件专营公司达尔康公司的股票。我在数年前的一个圣诞聚会上曾听原来的证券经纪人同事提到过该公司，他认为该公司每年都会花 900 万英镑在研发上，而其基本利润才刚刚接近 100 万英镑。

我决定进一步调查研究该公司，所以参观了它在伯明翰的公司。我发现这家小型保守发展的企业正努力在为全球提供软件服务而持续努力着。达尔康公司已经开始其国际运营计划，其员工和人员遍布世界并受到大家的一致好评。在我所见到过的企业中，这也是唯一一家在其总部所在的小小的工业园区为海外员工提供住宿和会议中心的公司。

我在 2006 年以稍高于 3 英镑的价格购买了该公司的股票，并在 225 便士 ~420 便士之间又分 16 次购买了它的该股票。在此期间，被评级的公开上市公司雷尼绍曾以 4 英镑每股的价格购买该公司 20% 的资产。最近该公司继续加大对研发部门的投资并着力于发展海外事业，但它的基础利润和股利还在不断地增长。最近，该公司的股价已经增长到 14 英镑了。

我其他方面的成就还包括购买的光电技术公司古奇的股票价格，翻了四倍、伯肯黑德的礼券兑换公司帕克（Park）的股价翻了三倍，我还买了雷迪奇的灯饰制造商 F.W. Thorpe 公司的股票。在我的个人储蓄账户组合中，投资最为成功的公司是传送带制造商芬纳，其在最高点时增长了 6 倍，但之后又从最高点的 5 英镑降低到 350 便士。

我牢牢持有该公司的股票已经一段时间了，几乎每个公司的股票都猛涨到了之前的两倍。它们为我带来了丰厚的利润，其评级也随之有所变动。

我长期投资的所有经历所要传达的关键信息，用圣奥古斯汀的话来说，就是"耐心出智慧"。

我是如何通过 126 200 英镑成为百万富翁的
约翰·李认为一些投资者忽略了免税条款所能带来的利润。

如果美国芯源系统公司（MPs）并未从其发起的法律诉讼中获益，那么我的财产将会减值 100 万英镑。

我一直是股市的忠实追随者，也是坚持长期投资的信徒。作为彭德尔地区的保守党议员，以及 1983 年到 1989 期间的部长，我坚决支持撒切尔政府在 1987 年创造的个人股权计划（个人股票计划）。

这也是第一次出现了个人股权计划这样一个好的工具，允许投资者在免于缴纳所得税和资本所得税的前提下建立股权投资基金。很显然，这对于那些致力于储蓄事业的人是一个绝佳的机会，但我也怀疑其他人并没有真正认识到随这个机会而来的无限机遇。

在之后的 17 年中，我每年都会尽最大的努力进行投资活动，并把获得的股利和返税额重新拿去投资。

我的投资上限已经被改变了许多次。从 1987 年到 1991 年 4 月，我一共投资了 19 200 英镑，此后到 1999 年 4 月我又投资了 72 000 英镑，其中每年各分别投资 6 000 英镑和 3 000 英镑于总体股权投资计划和单个公司股权投资计划中。在劳工部 1999 年改变个人投资计划之前，我每年都尽可能往其中投入最多的资本，而自 1999 年之后，我以每年

7 000 英镑的速度，总共往其中投入了 35 000 英镑。

因此，自 1987 年之后，我总共投入了 126 200 英镑，有些收入来源于卖出组合中的某些股票，当然这些股票收入是需要缴纳个人所得税和资本所得税的。

现在回顾我的投资历史，我发现之前我一共完成了 463 个合约，但是这些合约都是十分有用的。我在发表这篇文章之前估算了我所有的个人股票计划和个人储蓄账户组合价值，发现其价值为 1 015 843 英镑。尽管 2001 年股市遭受到重创，但平均年回报率也达到了 21%。

我的投资策略从未变化过。我在 1987 年从曼彻斯特地区的电气设备公司 Pifco 购买了自己的第一支股票。该公司属于我所偏爱的典型 DVY 公司，即价值稳定且提供给投资者一定的股利。Pifco 拥有口碑较好的品牌，家族掌控公司较多的股份，现金流充裕且公司拥有较长的盈利史，并且给股东提供的股利也越来越多。

除此之外，这家公司在小型资本市场中运作，我判断该公司在未来有可能被其他公司所收购。事实证明我是对的，14 年之后这家公司给我带来了极高的利润。

作为小型资本市场的专家，我一直以来都非常小心地选择投资股票。我对这家公司进行了尽职调查并尽可能去结识公司的管理层，还会在有空时出席公司年会。

有时候，我居然是唯一出席股东大会的人，但是这最起码是一个同公司董事会交流的机会。有一次我居然被邀成为非执行董事，而我也欣然接受了这一邀请。

当然，并不是所有的选择都是正确和成功的。我有时也会做出错误的判断和选择。但是，一旦发现错误，我会立即以最快的速度改正。因为个人股票计划和个人储蓄账户组合中的免税机遇是可遇而不可求的，不能白白浪费。

幸好，我经历的成功远多于失败，我也从手中一些被收购的公司股票中获益匪浅。这些公司包括布瑞德波特、布里敦和特拉福德公园和 Pifco 公司。

我因卖出个人股票计划和个人储蓄账户组合中的股票而获得许多免税利润。当然我也会进一步观察其他公司的走势。最近我比较关注的是费切尔公司和大型汽车经销商 Lookers。我现在更加偏爱的是卡拉克森公司、贾维斯酒店、卡森氏公司、桑顿公司、布朗公司、Windsor 和 Windtrust。

我不知道我是不是第一个通过建立投资组合成为个人储蓄账户和个人股票计划组合的百万富翁投资者。我更可能是第一个通过这种方式成为报纸专栏作家的百万富翁。我认为是其他投资者并没有很好地利用这些工具的免税优势。

但是，那些富人们貌似并不认为这种措施是有意义的，可能是因为他们认为投资上限太低的缘故，根本不值得浪费如此多的精力。而那些并不怎么富有的人则倾向于使用别的投资方法，总是投资于一些表现不怎么好的公司，并且在该抛弃它的时候还犹豫不决，以致造成更大的损失。

上述两种方法都是不正确的。如果有足够资本的话，应该在每年都尽最大的可能进行投资活动，将所有股利重新投入到资本市场中，并且时时关注股票组合的表现，以防某些表现较差的股票拉低整体表现。

以国税局的眼光来看，个人股票计划和个人储蓄账户组同其他股票是不同的。因此，投资者是可以通过以下方法进行投资操作的：即投资者有可能故意在主要投资组合中出现失误，而用损失来抵消需要缴纳的税收，然后再通过个人股票计划和个人储蓄账户重新购买之前选定的股票，以使未来的投资收益免于缴纳税收。

那些认为这种投资方式极其乏味无聊的人也不完全是错误的。而最讨厌的事情就是在另类投资市场中可以购买的股票，却不能通过个人股票计划和个人储蓄账户来持有。

这意味着当一个公司为了节省支出或者逃避严格的市场管制而从主要市场转移到另类投资市场市场中时，需要卖出在主要市场中的股票。很显然，他们可以用投资者的身份重新回购这些股票，但是就会失去原来的税收优势。这也是我之前对 Samuel Heath 和 Rowe

Evans 公司所采取的策略。

我从未担心过投资成本问题。因为相比于选择正确的股票，我认为这种事情无关紧要。我一般在 Pepsas 组合中都支付交易费用以及另外 0.5% 的附加税。我的总股利收益率是 4.5%，减去上述的 0.5%，还余有 4% 的股利用于再投资活动。

首相戈登·布朗（Gordon Brown）在其上周的预算报告中表示，在四月份将会使税收优惠利率降低 10%，并且每年的免税投资额自 2006 年 4 月从 7 000 英镑降到 5 000 英镑。

我认为这是历史的倒退。这些措施并不会使财政部的收入改变多少，也会阻止更多的人用个人储蓄账户进行投资，但这却同政府鼓励储蓄的措施相悖。

不过我认为即使是在这样的条件下，这个工具还是有利可图的，尤其是当你已经建立了一个有一定规模的投资组合时。我决定继续一步步地打造现有的投资组合，不断地通过分析、搜集资料、相互交流的方法来提升现有组合的表现。

我现在对贾维斯酒店集团以及巧克力制造商桑顿的股票有极大的兴趣。这两家公司都处于管理层将被收购的状态中，我希望明年这两家公司可以为我带来更高的现金流，并用于明年的投资。

不可避免的是，当市场恢复之后，我的个人股票计划和个人储蓄账户股票组合价值已经达到 100 万英镑以上时，这使得我的收益率下降且短期内不可能找到更加合适的股票组合。但是，依据 45 年的投资经验，我知道前方绝对还有别的机会。

实际上，市场上并没有太多的改变。成功的投资组合中两种重要的成分——耐心和常识并未改变。

我如何才能做到他完成的事情

文／露西·沃星克（Lucy Warwick-Ching）

难道我不能够获得 100 万英镑的彩票奖金并将其投资到个人储蓄账户中吗？

税务局规定每年你能往个人储蓄账户股票组合投资的数额只有 7 000 英镑，或者 3 000 英镑可用于个人储蓄账户现金投资组合。为了尽快成为百万富翁，你所要做的就是每年都按最高的数额在其中投资股票，并希望你的投资组合能够在表现良好的情况下，利润快速提升。

如果每年的投资限制是 7 000 英镑，那么约翰·李是如何做到的？他难道已经投资了一个世纪吗？

他在 1987 年个人股权计划开始设立的时候就开始投资这种免税产品。他每年都按最高投资限制往其中投资股票，并且在 1999 年个人储蓄账户代替个人股票计划存在时也继续往其中进行投资。所以，他一共投资了 126 200 英镑。

如果我在接下来的 16 年中继续投资个人储蓄账户，跟约翰·李一样坚持投资，那么我最后还会成为百万富翁吗？

Baxter Fensham 金融管理公司的执行总裁 贾尔斯·皮德科克（Giles Pidcock）曾说过："如果你每年投资 7 000 英镑于个人储蓄账户中并坚持 17 年，那么最起码需要 21.09% 的年回报率才能够成为百万富翁。"

如果这个计划看起来有些遥不可及的话，那么皮德科克建议你同你的伙伴一起进行投资，那么你每年可以往其中投资 14 000 英镑，这样的话你只需要 14.56% 的年收益率即可达到上述目标。

那这样来看，在现在这种股市中，这个目标还是非常难达到的。

现在这种从 7 000 英镑投资限制降到 5 000 英镑的情况下，可能更难达到之前的目标。

我的 100 万

约翰·李的投资组合

Company	No. of shares	Market Value (£)	Gain/loss (£)*
PZ Cussons	4,300	43,107.50	30,592.69
Clarkson	2,250	10,068.75	6,129.76
Windsor	54,500	23,026.25	8,302.08
S&U Ord	3,100	16,507.50	3,052.99
Titon Holdings	22,500	29,250.00	9,376.27
GET Group	21,500	43,215.00	15,919.19
Slingsby (HC)	4,250	25,925.00	4,633.27
Abbeycrest	40,775	28,746.38	−1,209.82
Nichols	15,450	21,089.25	4,459.22
Treatt	14,500	29,580.00	2,695.14
PZ Cussons	4,000	40,100.00	22,416.50
Jarvis Hotels	40,296	60,242.52	11,744.64
Christie Group	138,500	92,102.50	43,831.96
Air Partner	7,050	27,495.00	4,082.43
Clarkson	23,250	104,043.75	56,634.20
Thorntons	15,300	23,485.50	−1,880.24
Windsor	108,000	45,630.00	15,099.13
Wintrust	12,130	60,346.75	12,226.62
UCM	17,900	14,768.00	1,252.00
600 Group	22,500	13,669.00	1,268.00
Jarvis Hotels	42,450	63,463.00	2,380.00
Clarkson	25,000	106,000.00	3,996.00
Wintrust	2,700	13,433.00	661.00
Primary Health Properties	5,000	10,825.00	500.00
Others less than £10,000		69,724.00	756.00
Total		1,015,843.65	258,919.03

*Profit and loss figures do not reflect transactions on holdings no longer in the portfolio

资料来源：约翰·李

而且，之前的现金个人储蓄账户标准也从 3 000 英镑降到了 1 000 英镑。

看来我需要更加努力了。那么，还存在别的超额投资组合的情况吗?

Hargreaves Lansdown 的高级分析师米拉·帕特尔（Meera Patel）曾说过："人们最容易犯下的错误就是高买低卖。许多人最后将钱都投资于投资公司引领的流行基金中。但是，在 20 世纪 90 年代末作为科技公司的股东，我发现有时候看起来好吃的食物实际上并不适合放在菜单中。投资公司的主要方法就是限制自己的投资。"

她说英国和欧洲其他地区的股市行情要比其在1999年的时候还糟糕。"现在是入市的最好时机。"

皮德科克说那些想要成为个人储蓄账户百万富翁的人必须更加大胆地进行投资才行。"你在承担极高风险时还是需要很多运气的。你能够投资的领域包括小型公司、某些部门和新兴市场基金。"

我投资的方式有影响吗？我的钱会都被管理费用耗费殆尽吗？

皮德科克说投资回报中最大的不利因素是年度管理费用，一般从1%~5%不等。

你可以通过投资金融超市的方法来同时投资于几个不同的基金，从而降低管理费用。即使只想投资一家基金，你也可以通过投资金融超市的方法来将初始投资费用降低2%~3%，在某些情况下甚至可以将管理费减少至0。

一些独立的金融咨询师一般向客户提供他们自己的金融超市，你可以打折价格购买基金。这些机构包括Chelsea Financial Services、Bates Investment、Hargreaves Landsdown、Chase de Vere和Charcol。

我如何才能够得到高回报？

分析师建议将基金投资于不同的市场和不同类型的投资基金中。但是，你如何抉择取决于你对风险的态度。帕特尔说：如果你的主要目标是成为个人储蓄账户的百万富翁，那么你可能要选择流动性更强、更加有风险的投资领域，比如新兴市场以及小型公司。"

这个计划听起来十分合理，那么还会出现别的问题吗？

恐怕还有一个遗产税问题。个人股票计划和个人储蓄账户中的钱财必须以信托基金的方式存在。这意味着当你去世之后，这100万英镑的投资需要缴纳遗产税。皮德科克说："许多资产都可以放置在信托基金中，但是个人储蓄账户和免税特殊储蓄账户不可以，因为这两类资产已经属于减税后的资产了。比如，如果在你并不拥有房产的情况下，个人储蓄账户和个人股票计划的首次免税额为255 000英镑，而剩余的资产税率则为40%。"

有其他需要注意的事情吗？

自2004年4月，税收优惠利率又降低了10%之后，个人储蓄账户股票组合就更加不适合投资者进行投资了。

北京阅想时代文化发展有限责任公司为中国人民大学出版社有限公司下属的商业新知事业部，致力于经管类优秀出版物（外版书为主）的策划及出版，主要涉及经济管理、金融、投资理财、心理学、成功励志、生活等领域，下设"阅想·商业"、"阅想·财富"、"阅想·新知"、"阅想·心理"、"阅想·生活"以及"阅想·人文"等多条产品线。致力于为国内商业人士提供涵盖最先进、最前沿的管理理念和思想的专业类图书和趋势类图书，同时也为满足商业人士的内心诉求，打造一系列提倡心理和生活健康的心理学图书和生活管理类图书。

阅想·财富

《柯氏股票投资心经：盈利趋势跟踪技巧与工具》

- 全球知名技术分析专家、技术分析领域第一宝典《经典技术分析》作者小查尔斯·D·柯克帕特里克全新力作。
- 集世界最具影响力技术分析师五十年心血之大成的高效股票投资绝招，引领你在股市中认清事实，找到投资方向，从股市中真正赚到钱。

《蓄势待发：股票交易实战录》

- 华尔街最顶级的交易训练营教练扛鼎之作。
- 著名股票博客博主徐小明和"百年一人"撰文倾情推荐。
- 真实再现华尔街最牛操盘手的交易场景，帮你理解交易真谛，让你在大牛市来临前做好准备。

《金融的狼性：惊世骗局大揭底》

- 投资者的防骗入门书，涵盖金融史上最惊世骇俗的诈骗大案，专业术语清晰易懂，阅读门槛低。
- 独特视角诠释投资界风云人物。

阅想·商业

《白板式销售：视觉时代的颠覆性演示》
- 解放你的销售团队，让他们不再依赖那些使人昏昏欲睡的 PPT。
- 将信息和销售方式转换成强大的视觉图像，吸引客户参与销售全程。
- 提升职业形象，华丽转身，成为客户信赖的资深顾问和意见领袖。

《颠覆传统的 101 项商业实验》
- 101 项来自各领域惊人的科学实验将世界一流的研究与商业完美结合，汇集成当今世上最绝妙的商业理念。
- 彻底颠覆你对商业的看法，挑战你的商业思维极限。
- 教会你如何弥补理论知识与商业实践之间的差距，树立正确的商业理念。

《互联网领导思维：成为未来引领者的五大法则》
- 从互联网时代的参与者到引领者、成为移动互联时代的最大赢家。
- 最受欢迎的社会化媒体大师埃里克·奎尔曼的最新力作。

《游戏化革命：未来商业模式的驱动力》
（"互联网与商业模式"系列） 
- 第一本植入游戏化理念、实现 APP 互动的游戏化商业图书。
- 游戏化与商业的大融合、游戏化驱动未来商业革命的权威之作。
- 作者被公认为"游戏界的天才"，在业界具有很高的知名度。亚马逊五星级图书。

《忠诚度革命：用大数据、游戏化重构企业黏性》
（"互联网与商业模式"系列）

- 《纽约时报》《华尔街日报》打造移动互联时代忠诚度模式的第一畅销书。
- 亚马逊商业类图书 TOP100。
- 游戏化机制之父重磅之作。
- 移动互联时代，颠覆企业、员工、客户和合作伙伴关系处理的游戏规则。

《互联网新思维：未来十年的企业变形计》
（"互联网与商业模式"系列）

- 《纽约时报》、亚马逊社交媒体类 No.1 畅销书作者最新力作。
- 汉拓科技创始人、国内 Social CRM 创导者叶开鼎力推荐。
- 下一个十年，企业实现互联网时代成功转型的八大法则以及赢得人心的三大变形计。
- 亚马逊五星图书，好评如潮。

《自媒体时代，我们该如何做营销》
（"商业与可视化"系列）

- 亚马逊营销类图书排名第 1 位。
- 第一本将营销技巧可视化的图书，被誉为"中小微企业营销圣经"，亚马逊 2008 年年度十大商业畅销书《自媒体时代，我们该如何做营销》可视化版。
- 作者被《华尔街日报》誉为"营销怪杰"；第二作者乔斯琳·华莱士为知名视觉设计师。

Authorized translation from the English language edition, entitled How to Make a Million - Slowly: My Guiding Principles from a Lifetime of Successful Investing,1 edition, 978-1-292-00508-9 by John Lee, published by Pearson Education, limited, publishing as FT Press, Copyright©2014 by John Lee (print and electronic).

All rights reserved. No part of this book may be reproduced or transmitted in any form or by any means, electronic or mechanical, including photocopying, recording or by any information storage retrieval system, without permission from Pearson Education, limited,

Chinese Simplified language edition published by Pearson Education Asia Ltd., and China Renmin University Press Copyright © 2015.

本书中文简体字版由培生教育出版公司授权中国人民大学出版社合作出版，未经出版者书面许可，不得以任何形式复制或抄袭本书的任何部分。

本书封面贴有 Pearson Education（培生教育出版集团）激光防伪标签。

无标签者不得销售。

版权所有，侵权必究

图书在版编目(CIP)数据

如何在股市中挣到100万：长线投资金龟法/（英）李（Lee,J.）著；李淼译.–北京：中国人民大学出版社，2015.6
ISBN 978-7-300-21456-6

Ⅰ.①如… Ⅱ.①李…②李… Ⅲ.①股票投资—基本知识 Ⅳ.①F830.91

中国版本图书馆CIP数据核字（2015）第125170号

如何在股市中挣到100万：长线投资金龟法

[英] 约翰·李（John Lee）著
李淼 译
Ruhe Zai Gushi Zhong Zhengdao 100 Wan: Changxian Touzi Jinguifa

出版发行	中国人民大学出版社		
社　　址	北京中关村大街31号	邮政编码	100080
电　　话	010-62511242（总编室）		010-62511770（质管部）
	010-82501766（邮购部）		010-62514148（门市部）
	010-62515195（发行公司）		010-62515275（盗版举报）
网　　址	http://www.crup.com.cn		
	http://www.ttrnet.com（人大教研网）		
经　　销	新华书店		
印　　刷	北京中印联印务有限公司		
规　　格	170 mm×230 mm 16开本	版　次	2015年7月第1版
印　　张	10 插页1	印　次	2015年11月第2次印刷
字　　数	100 000	定　价	39.00元

版权所有　　侵权必究　　印装差错　　负责调换